BREAKTHROUGH
NAVAJO

A LANGUAGE COURSE FOR BEGINNERS

by Alan Wilson

auDIO·FORUM

 An Audio-Cassette Program

Especially created to accompany this
book are 2 instructional audio cassettes.
They are available from the publisher.

---

auDIO·FORUM

A Division of Jeffrey Norton Publishers
Guilford, Connecticut

Breakthrough Navajo: A Language Course For Beginners

ISBN 0-88432-447-8   text and cassettes
ISBN 0-88432-533-4   text only

Cover: Photograph of a needle point wall hanging of *Yee' íi* (Holy People)
        in a sand painting.

Published by Audio-Forum,
a division of Jeffrey Norton Publishers, Inc.
On-the-Green, Guilford, Connecticut 06437-2635

To my first Navajo classes at
Gallup High School and the
University of New Mexico,
Gallup Branch, whose presence
and enthusiasm made this book
possible.

ACKNOWLEDGEMENT

The author wishes to acknowledge his gratefulness to the following persons for the many hours they so generously gave in aiding the completion of this work.

Native-speaking informants, including those who tape-recorded the course.

Lillie Begay	Dennis Hardy
Jimmy Begaye	Arita Moore
Zelinda Collins	Wilfred Nez
Vivian Craig	Laura Sarracino
Etta Emerson	Emma Yazzie
Pauline Freeland	Rita Yazzie
Patricia Gibson	

Typists:

Helen Grenko

Cathy Grosscup

Susan Marbury

Judi Sanford

Linda Short

Special thanks is also expressed to David Tutt for his contribution of time and effort in proofreading the text.

INTRODUCTION

This beginning course in Navajo is not meant to supplant any
of the extant literature in or about the Navajo language. Nor is it
a grammar. The work does not contain the entire language. It cannot,
nor can any one or two volume work. It is, as the title suggests,
an aid in making a breakthrough into learning a fascinating and
important American Indian language. It offers utterances which are
used in the everyday Navajo conversational world and presents basic
structures upon which far wider development of speaking skills
may accrue. The serious learner realizes that any language must
be learned primarily through his own efforts. Efforts with a
capital E. Hence, the course is really a support of that basic
essential attitude.

A review follows each four lessons. The reviews are completely
in Navajo. In addition, all the material, including reviews, is
recorded on tape by nine different native speakers of Navajo, male
and female.*

All the material should be memorized. It is essential that
the pronunciation of the teacher or of the native speakers on the tape
be imitated as exactly as possible. You should give great
concentration to mastering Navajo phonetics as presented in the
section, The Sounds of Navajo.

Finally, utterances from dialogues, generalizations, and other
sources within the course should be put into immediate use in the real
world of Navajo speakers. At this point (entry into live situations),
error is inevitable. The classical symptoms and agonies of growing

*Through Lesson nineteen.

a new language skin will appear. Memory often fails. Mispronunciations occur. Natives giggle. Such a time is critical enough to be worthy of your continued effort.

Inability to open one's mouth through fear of error is a prevalent cause of monolingualism. On the other hand, if you, the intrepid learner, accept and challenge the inevitable period of blunder and laughter, you will prevail. You will become a speaker of Navajo.

Alan Wilson

February, 1969

TABLE OF CONTENTS

Introduction

A comment on the Tape Recording and its Use

The Sounds of Navajo

TABLE OF CONTENTS (cont.)

A Comment on the Tape Recording and its Use.

All of the Navajo text is taped except the material in most grammatical sections and the verb paradigms in the Review Supplements.* Page numbers are spoken occasionally for orientation.

The utterances of the dialogues, vocabularies, generalizations and other source materials are spoken twice each by different native speakers. The review supplements are recorded by two or more native speakers at normal conversational speed.

YOU WILL HEAR A VARIETY OF PRONUNCIATION ON THIS TAPE. The speakers are from various parts of the Navajo-speaking world and of course pronounce with the particular traits of their individual regions. It is to your advantage to hear varieties of Navajo voice and speech.

You should, if at all possible, attempt at first to learn utterances without looking at the Navajo text. Imitate, as accurately as you can, the voices of the native speakers. If you are in a live class this will be all the more easy. In the beginning, depend almost entirely upon your ear. Look at the English part of the text for the equivalent in English of what you are listening to in Navajo. When you have mastered the utterances, look at the spelling. Learn to spell them as soon as you can.

If you find that you cannot do it by ear alone, use the Navajo text for support. But beware of reading the letters and syallables as you you would read English letters and syllables! You want to speak with as little American-English accent as possible. You want to sound like a Navajo. The section entitled The Sounds of Navajo (p. xii) with its succinct and clear utterances, will help you to begin pronouncing well and will aid your primary efforts to read.

*Through Lesson twenty.

ix

THE SOUNDS OF NAVAJO

Vowels: A.) A letter with a mark above it indicates a rise in pitch
for the vowel tone.
B.) A letter with a hook under it indicates nasalization of
the vowel sound. Pronounce the vowel through the nose.
C.) A long vowel sound is represented by doubled vowel letters.
D.) A falling tone is represented by doubled vowel letters
with a mark over the first letter: -óo
E.) A rising tone is indicated by doubled vowel letters with
a mark over the second vowel: -oó

1. a- (short, low)- da, dahóló̧

2. aa- (long, low)- daa, daabéezhgo

3. á- (short, high)- ádin, deeyá

4. áá- (long, high)- bááh, shibááh

5. a̧- (short, low, nasal)- ma̧'ii, ma̧gi

6. a̧a̧- (long, low, nasal)- da̧a̧'

7. á̧- (short, high, nasal)- niiská̧, yishá̧

8. á̧á̧- (long, high, nasal)- bá̧á̧h, adá̧á̧dá̧á̧'

9. áa- (falling tone from high initial)- ádadi, háadi

10. á̧a̧- (falling nasal tone from high initial)- dá̧a̧go, yiská̧a̧go

11. e- (short, low)- de, beda'alyaa

12. ee- (long, low)- bee, dooleeł

13. é- (short, high)- diné, góne'é

14. éé- (long, high)- éétsoh, shikéé'

15. ȩȩ- (long, low, nasal)- sȩȩs

16. ȩ́ȩ́- (long, high, nasal)- háádȩ́ȩ́', tóta'dȩ́ȩ́'

17. ée- (falling tone from high initial)- kot'éego, át'éegi

18. ȩ́ȩ- (falling nasal tone from high initial)- yȩ́ȩda̧a̧', yȩ́ȩ ádin

19. i- (short, low)- diné, sitá̧, sik'is

20. ii- (long, low)- bii', yii' ni'iijííh

21. í- (short, high)- bídin, chidí

22. ii-(long, high)- ni'iijííh, díindáł, halchíí'

x

Vowels (Continued)

23. į- (short, low, nasal)- nich'į', bitsį'

24. įį- (long, low, nasal)- bįįh, áshįįh

25. į́- (short, high, nasal)- nilį́, tóháálį́

26. į́į́- (long, high, nasal)- shį́į́dą́ą́', hiłíijį́į́'

27. í- (falling tone from high initial)- bíighah, íinisin

28. į̂į̀- (falling nasal tone from high initial)- shį̂į̀go, ch'į̂į̀di

---

29. o- (short, low)- hágo, kojí

30. oo- (long, low)- adooji', dooda

31. ó- (short, high)- dólii', hóla

32. óó- (long, high)- kodóó, hóółtsei

33. ǫ- (short, low, nasal)- kǫ', yíchxǫ'

34. ǫǫ- (long, low, nasal)- deesdǫǫhgo, hóózhǫǫd

35. ǫ́- (short, high, nasal)- hólǫ́

36. ǫ́ǫ́- (long, high, nasal)- dlǫ́ǫ́', noodǫ́ǫ́z

37. ǫ́ǫ̀- (falling nasal tone from high initial)- doo hólǫ́ǫ̀ da.

Example of rising vowel tones:

38. doósh, honeeníísh

Example of falling and rising tones in one word:

39. nibéesoósh

Diphthongs

40. ai- shináá<u>hai</u>, haigo, há<u>í</u>sh

41. aai- ninaa<u>í</u>

42. ao- d<u>ao</u>sye', haoh

43. aoo- aoo'

44. ei- d<u>ei</u>go, séí

45. eii

46. oi- ayói deesdoi

47. ooi- tséhootsooí, łitsxooí

Consonants

'.-(glottal stop.) A glottal closure and release. This sound occurs at the beginning of English vowel utterances, e.g. on, about, in, elder. In Navajo it may precede (normal in English) or follow vowels and some consonants.

48. prevocalic (pre-vowel)- 'ádin, áád6ó

49. post vocalic- bii', bikee', bikáá', sǫ'

50. intervocalic- e'e'aah, i'íí'á, ba'aan

51. postconsonantal- ch'ah, k'ad, t'iis,

52. interconsonantal- nish'náájígo

----

53. b- baa, ba'aan

54. ch- chaa', chin

55. ch'- ch'ah, ch'ééh (set the speech organs for ch and release with a closed glottis)

56. d- dóola, dooda

57. dl- dloh, dláád

58. dz- dziil, dzééh

59. g- gáagi, gad

60. gh- ghaaí, hooghan

61. h- haa, dah, biih, hosh

62. hw- hwiih, hwee

63. j- jó, jaa'í

64. k- kodóó, kin

65. k'- k'ad, k'ehgo (set the tongue for k and release with a closed glottis)

66. kw- kwii, kwe'é

67. l- hóla, laanaa

68. ł- dził, łóó', łahjí, bił, łeezh (put your tongue in position to say l in lip or hill. Do not voice the consonant. Rather, breathe out past both lateral sides of the tongue with the tip of the tongue held firmly behind your upper front teeth.

69. m- mííl, shimá

70. n- nił, nááná

71. s- sis, sǫ'

72. sh- shimá, shash

73. t- tó, tin, taah (note the strong aspiration following the initial t sound)

74. t'- t'iis, t'áá, t'óó (set your tongue to say t and release with a closed glottis)

75. tł- yitłish, sitłéé'

76. tł'- tł'oh tł'óo'di, tł'iish (set your tongue to say tł and release with a closed glottis)

77. ts- hatsoh, tsé, tsidíł

78. ts'- ts'aa'. ts'ání, ts'ah (set your tongue to say ts and release with a closed glottis)

79. w- wóyah, wóóh, waa'

80. x- tódiłchxoshí, yíchxǫ' (x representes an aspirated sound somewhat like ch in the German word doch.)

81. y- yaa, yaago, wóyah

82. z- nínízin, zas, yidzaaz

83. zh- nizhóní, chizh

Yá'át'ééh   Hello

Haash yinílyé?   What is your name?

John yinishyé.   My name is John.

Diné bizaad bóhooɫ'aah daats'í?   Are you learning Navajo?

Aoo', diné bizaad bóhoosh'aah.   Yes, I'm learning Navajo.

Haash wolye?   What's his name?

John wolye.   His name is John.

Haashyit'éego kééhót'į?   How are you? (How are you living?)

Yá'át'éehgo kééhasht'į.   I'm getting along fine.

Nishą'?   How about you?

Yá'át'éehgo.   Fine.

Háágóósha' díníyá?   Where are you going?

Kingóó déyá.   I'm going to the store.

Na'nízhoozhígóó déyá.   I'm going to Gallup.

Háágóósha' deeyá?   Where is he (she) going?

Kingóó deeyá.   He (she) is going to the store.

Nichidíísh hólǫ́?   Do you have a car?

Aoo', shichidí hólǫ́.   Yes, I have a car.

Nibéesoósh hólǫ́?   Do you have money?

Aoo', shibéeso hólǫ́.   Yes, I have money.

1

Vocabulary for Lesson 1

Yá'át'ééh   a greeting; also means good, well, fine

haash?   What?

yinílyé   you are called; your name is

yinishyé   I am called; my name is

wolyé   he, she, it is called; named

diné bizaad   the Navajo language; literally, the man(the people), his
                                                        (their)words.

bóhooł'aah   You are learning it.

daats'í?   maybe; perhaps? (used to indicate a question.)

bóhoosh'aah   I am learning it.

háágóósha'?   Where? In what direction?

díníyá   You are going; starting out.

kin   store, house, building

kingóó   to the store

déyá   I am going; starting out.

na'nízhoozhí Gallup

deeyá   he, she, it is going; starting out.

ni   your

chidí   a car; the car

nichidí   your car

nichidíísh?   Your car?

aoo'   yes

2.

Háágóósha' díníyá?   Where are you going?

a. Kingóó déyá.   I'm going to the store.

b. Na'nízhoozhígóó déyá.   I'm going to Gallup.

c. Naasht'ézhígóó déyá.   I'm going to Zuni.

Hahgo ákǫ́ǫ́ díníyá?   When are you going there?

a. yiską́ągo.   Tomorrow.

b. damóogo.   On Sunday.

Nichidíísh naalnish?   Is your car working?

Aoo', ndi chidí bitoo' ła' nisin   Yes, but I want (need) some gasoline.

bááh ła' nisin   I want some bread.

tó ła' nisin   I want some water.

Vocabulary for Lesson 2

hahgo?	When? (asking about a future event)	
ákǫ́ǫ́	there; in that direction	
yiskáago	tomorrow	

naalnish	he, she, it is working
ndi	but
chidí bitoo'	gasoline (car, its juice)

ła'	some
nisin	I want (need)
naasht'ézhí	Zuñi

bááh	bread
tó	water
hólǫ́	it exists

shichidí	my car
béeso	money
nibéeso	your money

4.

Lesson 3 -- Dialogue

1. Da' diné bizaadísh bóhooł'aah?   Are you learning Navajo?

2. Aoo' bóhoosh'aah.   Yes, I am learning it.

1. Nił yá'át'ééh daats'í?   Do you like it?

2. Aoo' shił yá'át'ééh.   Yes, I like it.

1. Nił nantł'a daats'í?   Is it difficult for you?

2. Aoo' éí shił nantł'a łeh.   Yes, it's usually hard for me.

1. Háadish íiníłta'?   Where do you go to school?

2. Tséhootsooídi íiníshta'.   I am going to school at Ft. Defiance.

New Vocabulary

nił yá'át'ééh.   You like it.

shił yá'át'ééh.   I like it.

nił nantł'a.   It is difficult for you.

shił nantł'a.   It is difficult for me.

éí   that; it

łeh   usually

háadi or háadish?   Where? (Asking for location)

tséhootsoóí   Ft. Defiance (Canyon Meadow)

íiníłta'   You go to school; read; count.

íiníshta'   I go to school; read; count.

5.

Explanation of Grammar for Lesson 3

A.

1) One device you can use to ask a question is to prefix <u>da'</u> to an utterance.

Da' is often followed by <u>-sh</u> or <u>-ísh</u> attached to a noun, adverb or verb:

Da' nichidíísh hólǫ́?

2) The addition of <u>-sh</u> or <u>-ísh</u> alone to a noun is a question indicator too.

Diné bizaadísh bóhooł'aah?

3) You will remember that <u>daats'í</u> is also used to make a question.

B.

1) <u>Nił</u> means <u>with you</u> or <u>for you</u>. Nił yá'át'ééh idiomatically expresses your liking the quality of something. It literally means "it is good with you," i.e. "you like it."

2) <u>Shił</u> means <u>with me</u> or <u>for me</u>. Shił yá'át'ééh means "I like it."

C.

1) The enclitic, <u>di</u> (low tone) indicates <u>at</u> a place.

na'nízhoozhídi	at Gallup
tséhootsooídi	at Ft. Defiance
naasht'ézhídi	at Zuni

2) The enclitic, <u>góó</u> (high, long tone) indicates direction toward a place.

kingóó	toward the store
tséhootsooígóó	toward Ft. Defiance

D.

1) The verbs <u>íiníłta'</u> and <u>íiníshta'</u> are in the continuative imperfective mode. This mode indicates that the action is still going on and is incomplete. It is really a simple present tense.

Basic Orthography

A. A mark over a vowel (a,e,i,o) represents a rise in pitch----<u>diné</u>.

B. A longer spoken vowel tone is indicated by doubling the vowel in spelling---<u>bizaad</u>.

C. The laterally aspirated "ł" (as in <u>ła'</u>) is represented by the symbol ł.

D. Falling vowel tone is indicated by a mark above the first vowel----<u>háadish?</u>

Generalize!

chidí bitoo' ła' nisin	I want some gasoline.
bááh ła' nisin	I want some bread.
abe' ła' nisin	I want some milk.
azee' ła' nisin	I want some medicine.
bilasáana ła' nisin	I want some apples.
áshįįh* ła' nisin	I want some salt.
áshįįh łikan ła' nisin	I want some sugar.

---

nichidíísh hólǫ́?	Do you have a car?
nibéesoo'sh hólǫ́?	Do you have money?
aoo', shichidí hólǫ́.	Yes, I have a car.
aoo', shibéeso hólǫ́.	Yes, I have money.

*Nasalize vowels with hooks under them (įį); pronounce the vowel through the nose.

Review of Dialogue 2 -- With Variations

Háágóósha' díníyá?

Tséhootsooígóó déyá.

Hahgo ákǫ́ǫ́ díníyá?

Damóo biiskánígo.   on Monday

Nichidíísh naalnish?

Dooda, doo naalnish da.   No, it doesn't work.

EXPRESSIONS

tsxįįłgo!	Hurry up!
shíká anilyeed	Help me!
ahéhee'	Thank you.
łą́'ąą	All right; answer to Ahehee

Questions You Can Ask

háágóósh díníyá?	Where are you going?
naní zhoozhígóósh díníyá?	Are you going to Gallup?
kingóósh díníyá?	Are you going to the store?
nasht'ézhígóósh díníyá?	Are you going to Zuni?
tséhootsooígóósh díníyá?	Are you going to Fort Defiance?
hahgo? or hahgoshą'?	When?

NOTE: The enclitic -góó indicates direction toward a place. Kingóó-- toward the store. The interrogative -sh is suffixed to make a question, Kingóósh? -- toward the store?

1. Ha'át'íísh baa naniná?   What are you doing?

2. K'ad doo baa naasháhí da.   I'm not doing anything now.

3. Naanishgóósh díníyá?   Are you going to work?

4. Aoo', t'óó hodíína'go.   Yes, soon.

5. Háadish nanilnish?   Where do you work?

6a. Ólta'di naashnish.   I work in (at) a school.

6b. Chidí ánál'íidi naashnish.   I work in (at) a garage.

New Vocabulary

ha'át'íísh	What?
baa naniná	you are doing it
k'ad	now
baa naashá	I am doing it
naanish	job; business; work; employment
t'óó hadíína'go	soon
nanilnish	you work; you are working
ólta'	school
chidí' ánál'í	garage
naashnish	I work; I am working

Explanation of Grammar for Lesson 4

A. <u>Dooda</u>, the Navajo word for <u>no</u>, is divided (<u>doo</u>....<u>da</u>) to negate a statement.

naalnish	he, she, it works
doo naalnish da	he, she, it doesn't work
doo yá'át'éeh da	It's not good.
doo shił yá'át'éeh da	I don't like it.
doo baa naasháhí da	I'm not doing anything.

B. The enclitic <u>--í</u> (high tone) is a relative enclitic. It means <u>the one</u>; <u>that which</u>; <u>the particular one</u>. In the utterance--<u>doo baa naasháhí da</u> (I am not doing anything), it is suffixed to <u>naashá</u> ---- naashá(h)í to impart the suggestion, "I am not the one doing it."

<u>Naanish</u> is a noun meaning <u>work</u>, <u>employment</u>, or <u>job</u>. <u>Naanishgóó</u>; <u>to (toward) work</u>. With the <u>-ish</u> question indicator, <u>Naanishgóósh?</u>: <u>to (toward) work?</u>

The paradigm in the continuative imperfective for the verb <u>to work</u> looks like this so far:

naashnish	I work; am working
nanilnish	you work; are working (singular)
naalnish	he, she works; is working

And the paradigm for <u>to go</u>, <u>start out</u> in the first three persons is:

déyá	I am going
díníyá	you are going (singular)
deeyá	he, she is going

Full paradigms for most verbs introduced in the course are provided in supplements. Supplement number one follows lesson 4, supplement number two follows lesson 8, supplement number three follows lesson 12, etc.

Basic Orthography

A. The Glottal stop (a consonantal sound resulting from glottal closure and
release) is represented by the symbol (').

    Examples: ła', k'ad, nantł'a, yá'át'ééh.

B. Normal vowel tone level is represented by the vowel or vowels alone, with no
mark above it or them. The vowels in naanish and naashnish are even and low
in tone. The first two vowels in naniná are even in tone and the last vowel
rises in tone. The rise in tone is indicated by an accent mark above the
final a.

Generalize!

azee'ál'{į̇di naashnish.	I work at a (the) hospital.
kintahdi nanilnish daats'í?	Do you work in town?
ni'iijíhídi naalnish.	He works at the sawmill.

Expressions

ákót'é	It's right; that's the way.
doo ákót'ée* da.	Not that way; that's wrong.
nízaad.	It's far.
nízaadísh?	Is it far?
dooda, doo nízaad da.	No, it's not far.

* Note sliding vowel sound -ée. First vowel is higher in tone.)

11.

1. Ha'át'íísha' bóhooł'aah?   What are you learning?

2. Biligáana bizaad bóhoosh'aah.   I am learning English.

1. Niłísh yá'át'ééh?   Do you like it?

2. Dooda, doo shił yá'át'éeh da.   No, I don't like it.

1. Nił nantł'a daats'í?   Is it difficult for you?

2. Ndaga', doo shił nantł'a da.   No, it isn't hard for me.

1. Háadish ííníłta'?   Where do you go to school?

2. Tóta'di ííníshta'.*   I go to school in Farmington.

Interjections

'ayá!   Ouch!

yáah!   Wow!

Cultural Note

Navajo is a member of the Apachean subgroup of the Athabascan branch of Nadene,
a New World Language family. It is fairly closely related to Chiricahua,
Mescalero, Jicarilla, and Lipan.

* Tóta' ---- Farmington, means between the waters, referring to the
San Juan, Animas, and La Plata rivers.

Supplement #1 -- <u>A Review of Lessons 1-4</u>

Practice the following questions and answers. Learn both by heart.

Haash yinílyé?	John yinishyé.
Haash yinílyé?	Susan yinishyé.
Haash wolyé?	Jim wolyé.
Diné bizaad bóhooł'aah daats'í?	Aoo', diné bizaad bóhoosh'aah.
Bilagáana bizaad bóhooł'aah daats'í?	Dooda, doo bóhoosh'aah da.
Háágóósha' díníyá?	Kingóó déyá.
Háágóósha' díníyá?	Na'nízhoozhígóó déyá.
Háágóósha' díníyá?	Naasht'ézhígóó déyá.
Háágóósha' deeyá? *	Tséhootsooígóó deeyá.
Háágóósha' deeyá?	Ólta'góó deeyá.
Nichidíísh hólǫ?	Aoo', shichidí hólǫ.
Nichidíísh hólǫ?	Dooda, shichidí doo hólǫǫ da.
Nibéesodsh hólǫ?	Aoo', shibéeso hólǫ.
Nibéesodsh hólǫ?	Dooda, shibéeso doo hólǫǫ da.

---

* deeyá --- he, she is going.

13.

Háágóósha' díníyá?   Shaghangóó déyá.

Hahgo ákǫǫ díníyá?   Yiskáago ákǫǫ déyá.

Hahgo ákǫǫ díníyá?   Damóo biiskánígo ákǫǫ déyá.

Nichidíísh naalnish?   Aoo', shichidí naalnish.

Nichidíísh naalnish?   Dooda, doo naalnish da.

Da' chidí bitoo' ła' nínízin?   Aoo', chidí bitoo' ła' nisin.

Da' chidí bitoo' ła' nínízin?   Dooda, chidí bitoo' doo nisin da.

Ha'át'íísha' nínízin? *   Bááh ła' nisin.

Ha'át'íísha' nínízin?   Tó ła' nisin.

Ha'át'íísha' nínízin?   Abe' ła' nisin.

Ha'át'íísha' nínízin?   Azee' ła' nisin.

Ha'át'íísha' nínízin?   Bilasáana ła' nisin.

Ha'át'íísha' nínízin?   Áshįįh ła' nisin.

Ha'át'íísha' nínízin?   Áshįįh łikan ła' nisin.

———————————————

Da' diné bizaadísh nił yá'át'ééh?   Aoo', shił yá'át'ééh.

Da' diné bizaadísh nił yá'át'ééh?   Dooda, doo shił yá'át'éeh da.

Nił nantł'a daats'í?   Aoo', shił nantł'a.

Nił nantł'a daats'í?   Dooda, doo shił nantł'a da.

Háadish íínílta'?   Na'nízhoozhídi íínishta'.

Háadish ółta'? **   Tséhootsooídi ółta'.

———————————————

      * Ha'át'íísha' nínízin?   --   What do you want?

      ** Háadish ółta'?   --   Where is he, she going to school?

14.

Kįngóósh díníyá?	Aoo', kįngóó déyá.
Na'nízhoozhígóósh díníyá?	Aoo', ákǫ́ǫ́ déyá.
Naasht'ézhígóósh díníyá?	Udaga', doo ákǫ́ǫ́ déyáa da.
Tséhootsooígóósh díníyá?	Aoo', yiskáago ákǫ́ǫ́ déyá.
Tséhootsooígóósh díníyá?	Aoo', t'óó hodíína'go.

Ha'át'íísh baa naniná?	Doo baa naasháhí da.
Ha'át'íísh baa naniná?	Naashnish.
Ha'át'íísh baa naniná?	Íínishta'. *
Ha'át'íísh baa naniná?	Diné bizaad bóhoosh'aah

Naanishgóósh díníyá?	Aoo', t'óó hodíína'go.
Naanishgóósh díníyá?	Aoo', damóo biiskánígo.
Naanishgóósh díníyá?	Aoo', damóogo.
Naanishgóósh díníyá?	Aoo', yiskáago.

Háadish nanilnish?	Ólta'di naashnish.
Háadish nanilnish?	Na'nízhoozhídi naashnish.
Háadish nanilnish?	Tséhootsooídi naashnish.
Háadish nanilnish?	Doo naashnish da.
Háadish nanilnish?	Chidí ánál'íidi naashnish.
Háadish nanilnish?	Kintahdi naashnish.

Háadish naalnish?	Ní'iijíhídi naalnish.
Háadish naalnish?	Doo naalnish da.
Háadish naalnish?	Tóta'di naalnish.

---

* Íínishta' ---- I am going to school.

The following verbs are given for all persons, singular, dual and distributive plural (three or more) in the imperfective tense (present tense).

singular		To Learn It
1st	bóhoosh'aah	I am learning it
2nd	bóhooł'aah	you are learning it
3rd	yíhooł'aah	he, she, it is learning it
3a	bíhooł'aah	he, she, one is learning it

dual		
1st	bíhwiil'aah	we (two) are learning it
2nd	bóhooł'aah	you (two) are learning it
3rd	yíhooł'aah	they (two) are learning it
3a	bíhojiił'aah	they (two) are learning it

distributive plural		
1st	bídahwiil'aah	we (three or more) are learning it
2nd	bídahooł'aah	you (three or more) are learning it
3rd	yídahooł'aah	they (three or more) are learning it
3a	bídahojiił'aah	they (three or more) are learning it

singular		To Go, To Start Out
1st	déyá	I am going; starting out
2nd	díníyá	you are going; starting out
3rd	deeyá	he, she, it is going; starting out
3a	jideeyá	he, she, one is going; starting out

dual		
1st	deet'áázh	we (two) are going; starting out
2nd	dishoo'áázh	you (two) are going; starting out
3rd	deezh'áázh	they (two) are going; starting out
3a	jideezh'áázh	they (two) are going; starting out

16

distributive plural

1st	deekai (diikai)	we (three or more) are going; starting out
2nd	disoohkai	you (three or more) are going; starting out
3rd	deeskai	they (three or more) are going; starting out
3a	jideeskai	they (three or more) are going; starting out

singular   To Work

1st	naashnish	I am working; I work
2nd	nanilnish	you are working; you work
3rd	naalnish	he, she, it is working; he works
3a	njilnish	he, she, one is working; he works

dual

1st	neiilnish	we (two) are working; we work
2nd	naałnish	you (two) are working; you work
3rd	naalnish	they (two) are working; they work
3a	njilnish	they (two) are working; they work

distributive plural

1st	ndeiilnish	we (three or more) are working
2nd	ndaałnish	you (three or more) are working
3rd	ndaalnish	they (three or more) are working
3a	ndajilnish	they (three or more) are working

singular   To Want; To Wish

1st	nisin	I want; I wish
2nd	nínízin	you want; you wish
3rd	yinízin	he, she, it wants; wishes
3a	jinízin	he, she, one wants; wishes

17

dual

1st	niidzin	we (two) want; wish
2nd	nohsin	you (two) want; wish
3rd	yinízin	they (two) want; wish
3a	jinízin	they (two) want; wish

distributive plural

1st	daniidzin	we (three or more) want; wish
2nd	danohsin	you (three or more) want; wish
3rd	deinízin	they (three or more) want; wish
3a	daznízin	they (three or more) want; wish

singular

To Go To School

1st	íiníshta'	I am going to school; I go to school
2nd	íiníɫta'	you are going to school
3rd	óɫta'	he, she, it is going to school
3a	djóɫta'	he, she, one is going to school

dual

1st	íiníiɫta'	we (two) are going to school
2nd	íinóɫta'	you (two) are going to school
3rd	óɫta'	they (two) are going to school
3a	djóɫta'	they (two) are going to school

distributive plural

1st	da'íiníilta'	we (three or more) are going to school
2nd	da'íinóɫta'	you (three or more) are going to school
3rd	da'óɫta'	they (three or more) are going to school
3a	da'djóɫta'	they (three or more) are going to school

18

To Walk Around

singular

1st	naashá	I am walking around
2nd	naniná	you are walking around
3rd	naaghá	he, she, it is walking around
3a	njighá	he, she, one is walking around

dual

1st	neiit'aash	we (two) are walking around
2nd	naah'aash	you (two) are walking around
3rd	naa'aash	they (two) are walking around
3a	nji'aash	they (two) are walking around

distributive plural

1st	neiikai	we (three or more) are walking around
2nd	naahkai	you (three or more) are walking around
3rd	naakai	they (three or more) are walking around
3a	njikai	they (three or more) are walking around

Lesson 5 -- Dialogue

1. Yá'át'ééh sik'is.   Hello, my friend.

2. Yá'át'ééh.   Hello.

1. Háádéé' naniná?   Where are you from?

2. Hoozdodéé' naashá.   I'm from Phoenix.

1. Yá'áhoot'ééh daats'í áadi?   Is it nice there?
                                              Is the weather nice there?

2. Aoo', ndi shíigo áadi deesdoi.   Yes, but in the summer it's hot.

1. Na'nízhoozhídisha'?   How about Gallup?

2. Haigo áadi ayóo deesk'aaz.   In the winter it's very cold there.

New Vocabulary

sik'is	my friend, brother, sister--(use only with person of your own sex)
háádéé'	from where -- haadeesha'? is also used
naniná	you walk around
hoozdo	California or Phoenix (literally--- it is hot)
naashá	I walk around.
yá'á'hoot'ééh	It's nice; the weather is nice
áadi	there (at a faraway place)
shíigo	in summer
deesdoi	hot
haigo	in winter
ayóo	very, very much
deesk'aaz	cold

20

Explanation of Grammar for Lesson 5

A.) The enclitic -déé' indicates <u>from</u> or <u>along the way from</u>:

háádéé'?	Where from?
naasht'ézhídéé'	from Zuni
kintahdéé'	from town

B.)

a.) <u>Naniná</u> means <u>you walk around</u>. The paradigm for to walk around is:

naashá	I walk around
naniná	you walk around
naaghá	he, she, it walks around

b.) Háádéé' naniná literally means <u>from where do you walk around?</u> i.e., <u>Where are you from?</u>

c.) NOTE: In Lesson 4 you learned the idiomatic question Ha'át'íísh baa naniná? (What are you doing?). Do not confuse it with Háádéé' naniná? (Where are you from?).

C.) <u>Yá'áhoot'ééh</u> refers to <u>a place</u> being <u>nice</u> or to <u>good weather</u>.

D.) Shį́ means <u>summer</u>

shį́įgo	in the summer (note the sliding vowel)
aak'eedgo	in the fall
haigo	in the winter
daago	in the spring

E.)

a.) <u>Deesdoi</u> and <u>deesk'aaz</u> refer to the temperature of the atmosphere.

b.) <u>Sido</u> means <u>it is hot</u>, but it refers to an object.

c.) <u>Sik'az</u> means <u>it</u> (referring to an object) <u>is cold</u>.

F.) The suffix -shą' often means <u>What about?</u> or <u>How about?</u>

Nishą'?	What about you?
Na'nízhoozhídishą'? 21	How about Gallup?

Basic Orthography

A.) The spelling oi represents a sound somewhat like the diphthongal uoy in buoy. This is only approximate, however. Imitate Navajos when you say deesdoi (it's hot).

B.) The spelling ai (as in haigo) represents a sound approximately like the English word eye.

Some Expressions about the Weather

yidzaaz	It snowed.
ńchííl	It is snowing.
'íichííl	It stopped snowing.
nizhónigo 'oo'ááł	It's a nice day.

Some Numbers

t'ááłá'í or łáá'ii	1
naaki	2
táá'	3
dį́į́'	4
ashdla'	5

Generalize!

ha'át'ííshą' nínízin?	What do you want?
ch'iyáán ła' nisin	I want some food.
ch'il łichí'í ła' nisin	I want some tomatoes.
gohwééh ła' nisin	I want some coffee.
atsį' ła' nisin	I want some meat.
naa'ołí ła' nisin	I want some beans.
ninaaltsoosísh hólǫ́?	Do you have paper? or, Do you have a book?
nidibéésh dahólǫ́?	Do you have sheep?
nilį́į́sh dahólǫ́?	Do you have horses? (livestock)

22

Generalize (continued)

NOTE: Use dahóló when asking about or talking about the existence of things (plural) and hóló when asking or talking about the existence of something singular.

Expressions and Questions

Wóshdę́ę́'	Come this way; come in; get in (to a hitchhiker).
Ch'ééh díníyá daats'í?	Are you tired?
Ch'ééh déyá	I'm tired.
Haa nízah?	How much farther?
Haalá yinidzaa?	What happened to you?

Review of Dialogue 4 -- With Variations

1. Ha'át'íísh yaa naaghá?   What's he doing?

2. Kintahdi naalnish.   He's working in town.

1. Naanishgóósh díníyá?   Are you going to work?

2. Ndaga', doo déyáa da.   No, I am not going.

1. Háadish nanilnish?   Where do you work?

2. Kwe'é naashnish.   I work right here.

Interjections

akóóh!!	Watch out!!
tį'	Let's go.

Cultural Note

Navajos do not practice the formality of saying "please". It is inferred that when a simple request is made, it will be acceded to. In the Navajo way of thinking, there is no need to plead. Therefore, tó ła' nisin (I want some water) or shíká anilyeed (help me) suffice. Teachers of Navajo children should be aware that a Navajo student's hesitancy to say "please" does not imply disrespect or bad manners. It is a culturally derived hesitancy. The Navajo utterance t'áá shoodí (please!) is used only when pleading.

1. Naa'ahóóhaigóósh nisíníyá?   Did you go to the fair?

2a. Aoo', ákǫ́ǫ́ niséyá.   Yes, I went there.

2b. Ndaga' doo ákǫ́ǫ́ niséyáa da.   No, I didn't go there.

1. Nizhé'ésha'?   What about your father?

2. Ndaga', naalnish ńt'éé.   No, he was working.

1. Ha'át'íísh binaanish?   What is his work?

2. Bá'ólta'í nilį́.   He is a teacher.

New Vocabulary

Naa'ahóóhai	chicken; also a fair or rodeo
nisíníyá	you went(there and back)
ákǫ́ǫ́	there(in the direction)
ndaga'	no
nizhé'é	your father
naalnish	he, she, it is working
ńt'ę́ę́'	was; used to
binaanish	his work
bá'ólta'í	teacher
nilį́	he, she is

Explanation of Grammar for Lesson 6

A) The perfective is a mode indicating completed action. It is equivalent to the past tense in English. The first three persons of the verb <u>to go and return</u> are:

niséyá	I went (and returned)
nisíníyá	you went (and returned)
naayá	he went (and returned)

B) In a negative utterance, if the next to the last word ends in a high vowel tone, the tone is often lenghtened and becomes a falling tone.

doo niseyáa da.	I didn't go.
doo yá'át'éeh da.	It's no good.
doo déyáa da.	I'm not going.

C)

nizhé'é	your father
shizhé'é	my father
bizhé'é	his, her father

D) Ńt'éé' (or ńt'éé') is used to signal past time. In this lesson we use it with an imperfective verb (present tense verb) to create a past imperfective:

naalnish	He is working.
naalnish ńt'éé'	He was working.
naashnish	I am working.
naashnish ńt'éé'	I was working

E) Bá'ólta'í means <u>she or he is the one for whom studying is done</u>, i.e. <u>teacher</u>.

F) The first three persons of the neuter verb <u>to be</u> are as follows:

nishłį́	I am
nílį́	you are
nilį́	he, she is

More Numbers

hastą́	6
tsosts'id	7
tseebíí	8
náhást'éí	9
neeznáá	10

Numbers and a few Money Denominatives

t'áálá'í béeso	$1.00
hastą́ béeso	$6.00
naaki yáál	two bits
hastą́ą́h yáál	six bits

Expressions with Numbers and Money

ashdla' béeso dóó ba'aan díį́' yáál $5.50

NOTE: dóó ba'aan means and added to it:

eg:	ashdla'	béeso	dóó	ba'aan	díį́	yáál
	five	dollars	and	added to it	four	bits

$5.50

You will often hear dóó ba'aan pronounced dóó ba'aa.

A cent is called sindáo or tsindáo after the Spanish centavo:

    táá' sindáo   3¢

Another word for cent is łichí'ígíí --- the red one

    naaki łichí'ígíí 2¢

Generalize

bá'ólta'í nishłį́.	I am a teacher.
agha'diit'aahii nishłį́.	I am a lawyer.

naalyéhé yá sidáhí nilį́.	He is a trader.
ch'iyáán íłʼíní nilį́.	She (or he) is a cook.

siláo nilį́ daats'í?	Are you a policeman?
azee'íłʼíní nilį́ daats'í?	Are you a doctor?

dichin nishłį́.	I am hungry.
dibáá' nishłį́.	I am thirsty.

More Weekdays

damóo dóó naakiiskáago	Tuesday (Sunday and two tomorrows)
damóo dóó táá' yiskáago	Wednesday
damóo dóó dį́į́' yiskáago	Thursday
nda'iiníísh	Friday
damóo yázhí	Saturday

Review of Dialogue 5 -- With Variations

1. Yá'át'ééh shicheii.   Hello, my Grandfather.

2. Yá'át'ééh.   Hello.

1. Háádéé' naaghá?   Where is he from?

2. Tł'ohchinídéé' naaghá. *   He's from Ramah.

1. Yá'áhoot'ééh daats'í áadi?   Is it nice there?

2. Aoo', hózhóní.   Yes, it's beautiful.

1. Naasht'ézhídishą'?   How about Zuni?

2. Áadi ałdó hozhóní.   It's beautiful there, too.

Interjections and Expressions

T'óó ádíshní!   I'm just kidding!

Hóla!   I don't know!

Doo diists'a' da.   I don't understand; I don't hear.

Nááná!   Again! Repeat it!

Cultural Note

Most money designations in Navajo are derived from Spanish ---

béeso	--	peso
sindáo	--	centavo
yáál	--	real
gíinsi	--	quince (15¢)

The words dotł'izh (blue, blue green) and łitso (yellow) mean dime and nickel, respectively. The color reference evidently stems from the color of Civil War paper money of about the same designation.

* Tł'ohchiní means onions. The name evidently refers to a spring in the Ramah area where there were wild onions.

1. Háágóósh nisíníyá?   Where did you go?

2. Tséghákoodzánígóó niséyá.   I went to Window Rock.

1. Ha'át'íísh bee nisíníyá?   How (by what means) did you go?

2. Shichidí bee niséyá.   I went in my car.

1. Ákǫ́ǫ́ shił díí'ash.   Take me there.

2a. Aoo', nił deesh'ash.   Yes, I'll take you.

2b. Ákǫ́ǫ́ naaki béeso bik'é nił deesh'ash.   I'll take you there for two dollars.

1. Nibéesoósh hólǫ́?   Do you have any money?

2. Ndaga', shibéeso ádin.   No, I don't have any money.

3. Hágoshíí, ákǫ́ǫ́ diit'ash.   All right, let's go there.

New Vocabulary

Tséghákoodzání	Window Rock -- Perforated Rock
(biih hoodzá)	(It has a hole in it.)
bee	by means of it; with it
shił díí'ash	go with me; take me (talking to one person
nił deesh'ash	I'll go with you; take you (talking to one
bik'é	in change for it; for it
ádin	there is nothing; none
hágoshíí	all right; fine; o.k.
diit'ash	we two are going; let's go(talking to one)

Explanation of Grammar for Lesson 7

A) Shił díí'ash really means go along with me --- i.e. take me.
Nił deesh'ash means I'll accompany you, or I'll take you.
Diit'ash means we two are going together or let's go.

B) Bik'é means in exchange for it; for it.

naaki béeso bik'é	in exchange for two dollars.
gíinsi bik'é	for 15¢
neeznáá béeso bik'é naalnish.	He is working for ten dollars.

C) Ádin means it is not in existence. Standing by itself it can also mean he
or she is dead, or he or she is absent.

Shibéeso ádin, literally means my money, it is non-existent.

More Weather Conditions

nahałtin	It's raining. (also the noun, rain)
nahóółtą̇	It rained.
yas nályį́į́h	The snow is melting.
(ayoo) nahateeł	It's (very) slippery.
hazhó'ógo!	Be careful!

Note how often one Navajo word can express an idea equivalent to an English
sentence. In the above, as in all Navajo utterances, pay very close attention
to tonal levels and nasalized vowels!

Generalize!

A) Háágóósh nisíníyá?   Where did you go?

Tségháhoodzánígóósh nisíníyá?   Did you go to Window Rock?

Tł'ohchinígóósh nisíníyá?   Did you go to Ramah?

Kingóó niséyá.   I went to the store.

Tóta'góó niséyá.   I went to Farmington.

Ákǫǫ́ niséyá.   I went there.

B) Chidíísh bee nisíníyá?   Did you go by car?

    Aoo', chidí bee niséyá.   Yes, I went by car.

    Chidíłgai* bee niséyá.   I went by bus.

    Tsinaabąąs bee niséyá.   I went by wagon.

    Chidí naat'a'í** bee niséyá.   I went by airplane.

        * White car

        ** Flying car--car, the one that flies.

Two Months

Níłch'its'ósí   slim winds; November

Nílch'itsoh   big winds; December

More Numerals

ła'ts'áadah	11	hastą́'áadah	16
naakits'áadah	12	tsots'idts'áadah	17
táá'ts'áadah	13	tseebííts'áadah	18
dį́į́'ts'áadah	14	náhást'éíts'áadah	19
ashdla'áadah	15	naadiin	20

Díkwíísh tsin sitą́?   How many miles?

Naakits'áadah tsin sitą́.   Twelve miles.

Tseebíí tsin sitą́.   Eight miles.

Review of Dialogue 6 -- With Variations

1. Tótaʼdi naa'ahóóhaigóósh nisíníyá?   Did you go to the fair at Farmington?

2. 'Aoo', shį́į́dą́ą́' ákǫǫ niséyá.   Yes, I went there last summer.

31

1. Nímáshą'?   What about your mother?

2a. Ndaga', naalnish ńt'éé.   No, she was working

2b. Hóla.   I don't know.

1. Ha'át'íísh binaanish?   What is her work?

2. Ch'iyáán ííł'íní nilį́.   She is a cook.

Interjections and Expressions

ńláahdi naniná!   scram; go away

t'óó ádíní!   You don't mean!
                              Don't tell me!
                              You can't be serious!

Cultural Note

Navajos who are learning English often confuse the pronouns he, she and it. This is to be expected, since gender in Navajo is not indicated in the verb form. In English a clear distinction is made as to the gender of the subject performing an action: he is working, she is working, it is working (neuter). The Navajo word naalnish suffices to express he, she, it is working, and context is the ultimate indicator of who or what is working.

1. Háadish naghan?

Where do you live?

2. Na'nízhoozhídóó shádi'áahjígo
    (e'e'aahjígo) shaghan.

I live south (west) of Gallup.

1. Nisha' háadi naghan?

How about you? Where is your home?

2. Tóta'dóó náhookosjígo
    (ha'a'aahjígo) shaghan.

My home is north (east) of Farmington.

Dialogue B

1. Hádą́ą́' dziłgóó nisíníyá?

When did you go to the mountains?

2. Adą́ą́dą́ą́' ákǫ́ǫ́ niséyá.

I went there yesterday.

1. Háísh áadi yiniłtsá?

Whom did you see there?

2. Shimá yiiłtsá.

I saw my mother.

New Vocabulary

Dialogue A -- naghan	your house
shaghan	my house
shádi'áahjígo	to the south
e'e'aahjígo	to the west
náhookosjígo	to the north (also to the east)
ha'a'aahjígo	to the east
Dialogue B -- hádą́ą́'?	When? (used in asking about the past. Hahgo - when? is used when inquiring about the future.)
dził	mountain; mountains
adą́ą́dą́ą́'	yesterday
háí(sh)	Who? Whom?
shimá	my mother

33

Explanation of Grammar for Lesson 8

A) Possessive pronouns (my, your, his, etc.) are prefixed to nouns in Navajo.
   The possessive pronouns are:

shi	-- my	nihi	-- our
ni	-- your	nihi	-- your (plural)
bi	-- his, her, its	bi	-- their
ha	-- his, her, our	ha	-- their

   Examples:

shimá	-- my mother	nihimá	-- our mother
nimá	-- your mother	nihimá	-- your mother
bimá	-- his, her, its mother	bimá	-- their mother
shaghan (or shighan)*- my home		nihighan	-- our home
naghan (or nighan)* -- your home		nihighan	-- your home
baghan (or bighan)* -- his home		baghan	-- their home

B) The enclitic --dóó, means <u>from a well-established place</u> or <u>from a definite point</u>.

áádóó	-- from there
Tóta'dóó	-- from Farmington
Tséghahoodzánídóó	-- from Window Rock

C) The enclitic --dą́ą́', is a marker of past time.

Hádą́ą́'?	-- When? (asking about past time)
adą́ą́dą́ą́'	-- yesterday
naakiiskáńdą́ą́'	-- day before yesterday

D) The perfective (past tense) of <u>to go</u> (and <u>return</u>) in the first three persons is again as follows:

niséyá	-- I went (and came back)
nisíníyá	-- you (singular) went
naayá	-- he, she, it went

E) The perfective of <u>to see</u> him, <u>her</u>, <u>it</u> in the firs' three persons is:

yiiłtsą́	-- I saw him, her, it.
yiniłtsą́	-- You (sing.) saw him, her, it.
yiyiiłtsą́	-- He, she saw him, her, it.

* Most commonly <u>shaghan</u>, <u>naghan</u> and <u>baghan</u>; a phonetic shift from <u>shi-</u> to <u>sha-</u> etc., taking place.

34

More Numbers

naadįįła'	21		naadįįhastą́ą́h	26
naadiinaaki	22		naadįįtsots'id	27
naadįįtáá'	23		naadįįtseebíí	28
naadįįdį́į'	24		naadiináhást'éí	29
naadįį'ashdla'	25		tádiin	30

tádiin dóó bá'aan t'ááłá'í -- 31
(continue now to use dóó bá'aan)

dizdiin	40		tseebídiin	80
ashdladiin	50		náhást'édiin	90
hastądiin	60		t'ááłáhádi neeznádiin	100
hastądiin dóó bá'aan tą́ą'	63		naakidi neeznádiin	200
tsots'idiin	70		táádi neeznádiin	300

t'ááłáhádi mííl (or miil)   1,000

t'ááłáhádi mííltsoh   1,000,000

Generalize!

nimáásh yiniłtsą́?	Did you see your mother?
nizhé'éésh yiniłtsą́?	Did you see your father?
bimáásh yiniłtsą́?	Did you see his (her) mother?
bizhé'éésh yiniłtsą́?	Did you see his (her) father?
nihichidíísh yiniłtsą́?	Did you see our car?
nihichidí yiiłtsą́.	I saw your (plural) car.
bidibé yiiłtsą́.	I saw his sheep.
baghan yiiłtsą́.	I saw his home.
dził yiiłtsą́.	I saw the mountain.

35

kwe'é shaghan.	My home is here.
ńléídí shaghan.	My home is over there.
dziłdóó shádi'ááhjígo baghan.	His home is south of the mountain.
nihighandóó e'e'aahjígo shaghan.	My home is west of your (pl.) house.
shaghandóó náhookǫsjígo baghan.	His home is north of my house.

bóhoosh'aah ńt'éé.	I was learning it.
naashnish ńt'ę́ę́.	I was working.
shibéeso hólǫ́ ńt'éé.	I used to have money.
bichidí hólǫ́ ńt'ę́ę́.	He used to have a car.

Expressions

deesdoi ya'?	It's hot, isn't it?
nízaad ya'?	It's far, isn't it?
nanílnish ya?	You're working, aren't you?
ńchííl ya'?	It's snowing, isn't it?
kingóó díníyá ya'?	You're going to town, aren't you?

ha'át'éegoshą' díníyá?	Why are you going?
ha'át'éegoshą' naalnish áadi?	Why is he working there?
ha'át'éegoshą' yíhooł'aah?	Why is he learning it?

Review of Dialogue 7 -- With Variations

1)	Háadgóósh naayá?	Where did he (she) go?
2)	Shashbitoogóó naayá.	He (she) went to Ft. Wingate (& back).
1)	Ha'át'íísh yee naayá?	How did he (she) go?
2)	Bichidí yee naayá.	He (she) went in his (her) car.

36

Interjections and Expressions

yááh?	What? (said when repetition of a statement is desired)
na'!	Here! Here you are! (said when handing something to someone)
nizhónígo yooɫkááɫ	It's a nice evening; night
haa hóót'įįd?	What happened? What's the matter?
t'áá'ákódí!	That's all!
hágoónee'	A term used in parting.

Cultural Note

In Navajo ceremonial functions, east is the priority direction.

Shábik'ehgo (the sun along its track, or sunwise), the directions are:

ha'a'aah, shádi'ááh, e'e'aah, and náhookǫs. The heads of sand paintings

face east, as do the doors of the classical hogan and most present day

Navajo residences; the gates of corrals also usually face eastward.

The doorway of the sweatbath generally faces the east, but such is

(was) not mandatory.

<u>Unit 5</u>

Háádę́ę́' naniná?

Háádę́ę́' naniná?

Háádę́ę́' naniná?

Háádę́ę́' naaghá?

Háádę́ę́' naaghá?

Hoozdodę́ę́' naashá.

Na'nízhoozhídę́ę́' naashá.

Naasht'ézhídę́ę́' naashá.

Tséhootsooídę́ę́' naaghá.

Tóta'dę́ę́' naaghá.

Yá'áhoot'ééh daats'í áadi?

Yá'áhoot'ééh daats'í áadi?

Yá'áhoot'ééh daats'í áadi?

Naasht'ézhídishą'?

Tóta'dishą'?

Tséhootsooídishą'?

Aoo', yá'áhoot'ééh áadi.

Aoo', ndi shı̨́ı̨go áadi deesdoi.

Aoo', ndi haigo áadi deesk'aaz.

Áadi deesk'aaz.

Áadi deesdoi.

Yá'áhoot'ééh áadi.

Yidzaazísh?

Ńchį́į́lísh?

'Ííchį́į́lísh?

Nizhónígoósh oo'ááł?

Aoo', yidzaaz.

Aoo', ńchį́į́l.

Aoo', 'ííchį́į́l.

'Aoo', nizhónígo oo'ááł.

Díkwíí* béeso?

Díkwííshą'?

Díkwíí dotł'izh?

Díkwíí łitso?

Díkwíí dibé?

T'ááłá'í béeso.

Naaki yáál.

Táá' dotł'izh.

Dį́į́' łitso.

Ashdla' dibé.

Ha'át'íishą' nínízin? **

Ha'át'íishą' nínízin?

Ha'át'íishą' nínízin?

Atsį' ła' nisin.

Gohwééh ła' nisin.

Naa'ołí ła' nisin.

_____

* díkwíí -- how much; how many

** nínízin -- you want

38

Ha'át'íísha' nínízin?

Ha'át'íísha' nínízin?

Ninaaltsoosísh hólǫ́?

Nidibéésh dahólǫ́?

Nilį́į́sh dahólǫ́?

Ch'ééhéésh díníyá?

Ch'ééh díníyá daats'í?

Ch'ééh deeyá daats'í?

Haa nízah?

Haa nízah?

Haa nízah?

Haalá yinidzaa?

Haalá yinidzaa?

Ch'iyáán ła' nisin.

Ch'il łichí'í ła' nisin.

Aoo', shinaaltsoos hólǫ́.

Aoo', shidibé dahólǫ́.

Ndaga', shilį́į́'doo dahólǫ́ǫ da.

Aoo', ch'ééh déyá.

Dooda, ch'ééh doo deyáa da.

Aoo', ch'ééh deeyá.

Naaki tsin sitą́.

Doo nízaad da.*

Neeznáá tsin sitą́.

Hóla!

Doo yisdzaaí da. **

Unit 6

naa'ahóóhaigóósh nisíníyá?

naa'ahóóhaigoosh nisíníyá?

naa'ahóóhaigoosh nisíníyá?

naa'ahóóhaigóósh nisíníyá?

Nizhé'ésha'?

Nimásha'?

Nik'issha'?

Aoo', ákǫ́ǫ́ niséyá.

Ndaga', doo ákǫ́ǫ́ niséyáa da.

Adą́ą́dą́ą́' ákǫ́ǫ́ niséyá.

Damóo yę́ędą́ą́'*** ákǫ́ǫ́ niséyá.

Ndaga', naalnish át'éé'.

Aoo', ákǫ́ǫ́ naayá.

Ndaga', doo ákǫ́ǫ́ naayáa da.

---

  * Doo nízaad da.   --   It's not far.

 ** Doo yisdzaaí da. --   Nothing happened to me.

*** Damóo yę́ędą́ą́'   --   last week.

39

Ha'át'íísh binaanish?   Bá'ólta'í nilį́.

Ha'át'íísh binaanish?   Agha'diit'aahii nilį́.

Ha'át'íísh ninaanish?   Nalyéhé yá sidáhí nishłį́.

Ha'át'íísh ninaanish?   Ch'iyáán ííł'íní nishłį́.

Ha'át'íísh ninaanish?   Siláo nishłį́.

Ha'át'íísh ninaanish?   Azee'ííł'íní nishłį́.

Da' dichin nílíįsh?   Aoo', dichin nishłį́.

Da' dibą́ą́' nílíįsh?   Dooda, dibą́ą́' doo nishłį́į da.

Hahgo ákǫ́ǫ́ díníyá?   Yiskáago ákǫ́ǫ́ déyá.

Hahgo ákǫ́ǫ́ díníyá?   Damóogo ákǫ́ǫ́ déyá.

Hahgo ákǫ́ǫ́ díníyá?   Damóo biiskánígo.

Hahgo ákǫ́ǫ́ deeyá?   Damóo dóó naakiiskáago ákǫ́ǫ́ deeyá.

Hahgo ákǫ́ǫ́ deeyá?   Damóo dóó táá' yiskáago.

Hahgo ákǫ́ǫ́ deeyá?   Damóo dóó dį́į́' yiskáago.

Hahgo ákǫ́ǫ́ deeyá?   Nda'iinííshgo.

Hahgo ákǫ́ǫ́ deeyá?   Damóo yázhígo.

Hahgo ákǫ́ǫ́ deeyá?   Nááná! Doo diists'a' da.

Háádę́ę́' naaghá?   Tł'ohchinídę́ę́' naaghá.

Yá'áhoot'ééh daats'í áadi?   Aoo', hózhǫ́ní.

Háádę́ę́' naniná shicheii?   Naasht'ézhídę́ę́' naashá.
                                         Áadi ałdó hózhǫ́ní!

T'óó ádíshní!   Shí ałdó! *

---

* Shí ałdó! -- So am I.   40

Díkwííshą'?   Hóla.

Díkwííshą'?   t'ááłá'í sindáo.

Díkwííshą'?   díí' yáál

Díkwííshą'?   gíinsi

Unit 7

Háágóósh nisíníyá?   Tségháhoodzánígóó niséyá.

Háágóósh nisíníyá?   Tł'ohchinígóó niséyá.

Háágóósh nisíníyá?   Tséhootsooígóó niséyá.

Háágóósh nisíníyá?   Kingóó niséyá.

Ha'át'íísh bee nisíníyá?   Chidí bee niséyá.

Ha'át'íísh bee nisíníyá?   Chidíłgai bee niséyá.

Tsinaabąąsísh bee nisíníyá?   Ndaga', tsinaabąąs doo bee niséyáa da.
                                   Shichidí bee niséyá.

Chidí naat'a'íísh bee nisíníyá?   Ndaga', chidíłgai bee niséyá.

Nichídíísh bee nisíníyá?   Ndaga', shichídí doo bee niséyáa da.
                                   Sik'is bichidí**bee niséyá.

Díkwíísh tsin sitą́?   Naakits'áadah tsin sitą́.

Díkwíísh tsin sitą́?   Ashdla'áadah tsin sitą́.

Díkwíísh tsin sitą́?   Hastą́'áadah tsin sitą́.

Díkwíísh tsin sitą́?   Naadiin tsin sitą́.

Díkwíísh tsin sitą́?   Naadįįła' tsin sitą́.

Díkwíísh tsin sitą́?   Tádiin dóó ba'ąą díí' tsin sitą́.

Review all the numbers in the previous three lessons.

_____

Sik'is bichidí**-- my friend's (brother's) car.

Tóta'di naa'ahóóhaigóósh nisíníyá?   Aoo', shįįdą́ą́' ákǫ́ǫ́ niséyá.

Tségháhoodzánídi naa'ahóóhaigóósh naayá?   Aoo', ákǫ́ǫ́ naayá.

Ákǫ́ǫ́sh nisíníyá?   Aoo', haidą́ą́'* ákǫ́ǫ́ niséyá.

Ákǫ́ǫ́sh nisíníyá?   Aoo', daadą́ą́'**ákǫ́ǫ́ niséyá.

                                            Aak'eeddą́ą́'.***

Ákǫ́ǫ́ shił díí'ash?.   Aoo', nił deesh'ash.

Ákǫ́ǫ́ shił díí'ash?   Aoo', díí' béeso bik'é nił deesh'ash.

Ákǫ́ǫ́ shił díí'ash?   Hágoshį́į́, ákǫ́ǫ́ diit'ash.

   Nibéesoósh hólǫ́?   Aoo', shibéeso hólǫ́.

   Nichidíísh hólǫ́?   Shichidí ádin.

   Ch'iyáánísh hólǫ́?   Ch'iyáán ádin.

   Abe'éésh hólǫ́?   Ndaga', abe' ádin.

   Gohwééhéésh hólǫ́?   Aoo', hólǫ́.

   Nibéesoósh hólǫ́?   Ndⷍga', shibéeso ádin.

Nahałtinísh?   Aoo', nahałtin.

Nahałtinísh?   Doo nahałtin da.

Nahóółtą́ą́sh?   Aoo', nahóółtą́.

Nahóółtą́ą́sh?   Doo nahóółtą́ą da.

Yasísh nályį́į́h?   Aoo', yas nályį́į́h.

Yasísh nályį́į́h?   Ndaga', doo nályį́į́h da.

Nahateeł daats'í?   Aoo', ayóo nahateeł. Hazhó'ógo!

Unit 8

   Háadish naghan?   Na'nízhoozhídóó shádi'ą́ąhjígo shaghan.

   Háadish naghan?   Na'nízhoozhídóó e'e'aahjígo shaghan.

---

* haidą́ą́' -- last winter   *** aak'eeddą́ą́' -- last fall

** daadą́ą́' -- last spring   42

Háadish naghan?   Na'nízhoozhídóó ha'a'aahjígo shaghan.

Háadish naghan?   Tségháhoodzánídóó náhookǫsjígo shaghan.

Háádą́ą́' dziłgóó nisíníyá?   Adą́ą́dą́ą́' ákǫ́ǫ́ niséyá.

Háádą́ą́' tóta'góó nisíníyá?   Naakiiskáńdą́ą́' ákǫ́ǫ́ niséyá.

Háádą́ą́' kingóó naayá?   Doo ákǫ́ǫ́ naayáa da.

Háádą́ą́' tł'ohchiníǵóó naayá?   Adą́ą́dą́ą́' ákǫ́ǫ́ naayá.

Háísh áadi yiniłtsą́?   Shizh'é'é yiiłtsá.

Háísh áadi yiyiiłtsą́?   Bimá yiyiiłtsą́.

Háísh áadi yiyiiłtsą́?   Bik'is yiyiiłtsą́.

Háísh áadi yiniłtsą́?   Shimá yiiłtsą́.

Díkwíísh tsin sitą́?   Tseebíidiin tsin sitą́.

Díkwíísh tsin sitą́?   T'ááłáhádi neeznádiin tsin sitą́.

Díkwíísh tsin sitą́?   Naakidi neeznadiin tsin sitą́.

Díkwíísh tsin sitą́?   Táadi neeznáﬁin tsin sitą́.

Dziłísh yiniłtsą́?   Aoo', dził yiiłtsą́.

Baghanísh yiniłtsá?   Ndaga', doo yiiłtsą́ą da.

Shidibéésh yiyiiłtsá?   Aoo', yiyiiłtsą́.

Bichidíísh yiyiiłtsá?   Ndaga', doo yiyiiłtsą́ą da.

Háadish naghan?   Kwe'é shaghan.

Háadish naghan?   Ńléidi shaghan.

Háadish baghan?   Dziłdóó shádi'ááhjígo baghan.

Háadish baghan?   Shaghandóó náhookǫsjígo baghan.

Bóhooł'aahásh ńt'éé'?   Aoo', bóhoosh'aah ńt'éé'.

Nanilnishísh ńt'éé'?   Aoo', naashnish ńt'éé'.

Nibéesoósh hólǫ́ nt'éé'?   Aoo', shibéeso hólǫ́ ńt'éé'.

Nichidíísh hólǫ́ ńt'éé'?   43   Dooda, shichidí doo hólǫ́ǫ da ńt'éé'.

Deesdoi ya'?	Aoo', deesdoi.
Nízaad ya'?	Aoo', nízaad.
Nanilnish ya'?	Aoo', naashnish.
Ńchííl ya'?	Aoo', ńchííl.
Kingóó díníyá ya'?	Aoo', kingóó déyá.

Ha'át'éegoshą' ákǫǫ díníyá?	Sik'is áadi baghan.
Ha'át'éegoshą' naalnish áadi?	T'óó bił yá'át'ééh.*
Ha'át'éegoshą' yíhooł'aah?	Diné bizaad bił yá'át'ééh.

Háágóósh naayá?	Shashbitoogóó naayá.
Háágóósh naayá?	Tségháhoodzánigóó naayá.
Háágóósh naayá?	Doo háágóó naayáa da.**
Háágóósh nisíníyá?	Doo háágóó niséyáa da.

Two Short Dialogues

I.

1. Ha'át'íísh baa naniná?

2. Yááh?

1. Ha'át'íísh baa naniná?

2. Doo baa naashahí da.

II.

1. Gohwééh ła' nisin.

2. Na'.

1. Ahéhee'.

2. Lá'aa.

Nizhónígoósh yoołkááł?	Aoo', nizhónígo yoołkááł.
Nizhónígoósh yoołkááł?	Ndaga', doo nizhónígo yoołkááł da.

---

* T'óó bił yá'át'ééh -- He just likes it.

** Doo háágóó naayáa da -- He didn't go anywhere.

44

The forms are presented in the present (neuter) and perfect (past) tenses; singular, dual, and distributive plural.

singular		To Go (perfective)
1st	niséyá	I went (and returned)
2nd	nisíníyá	you went (and returned)
3rd	naayá	he, she, it went (and returned)
3a	nijiyá	he, she, one went (and returned)

dual		
1st	nishiit'áázh	we (two) went (and returned)
2nd	nishoo'áázh	you (two) went (and returned)
3rd	naazh'áázh	they (two) went (and returned)
3a	niji'áázh	they (two) went (and returned)

distributive plural		
1st	nisiikai	we (three or more) went (and returned)
2nd	nisoohkai	you (three or more) went (and returned)
3rd	naaskai	they (three or more) went (and returned)
3a	nijikai	they (three or more) went (and returned)

singular		To Be
1st	nishłį́	I am
2nd	nílį́	you are
3rd	nilį́	he, she, it is
3a	jílį́	he, she, one is

dual		
1st	niidlį́	we (two) are
2nd	nohłį́	you (two) are
3rd	nilį́	they (two) are
3a	jílį́	they (two) are

45

1st	daniidlį́	we (three or more) are
2nd	danohłį́	you (three or more) are
3rd	danilį́	they (three or more) are
3a	dajílį́	they (three or more) are

singular   To Understand It; Hear It

1st	diists'a'	I understand it; hear it
2nd	dinits'a'	you understand it; hear it
3rd	yidiits'a'	he, she, it understands it; hears it
3a	jidiits'a'	he, she, one understands it; hears it

dual

1st	diits'a'	we (two) understand it; hear it
2nd	doohts'a'	you (two) understand it; hear it
3rd	yidiits'a'	they (two) understand it; hear it
3a	jidiits'a'	they (two) understand it; hear it

distributive plural

1st	dadiits'a'	we (three or more) understand it; hear it
2nd	dadoohts'a'	you (three or more) understand it; hear it
3rd	deidiits'a'	they (three or more) understand it; hear it
3a	dazhdiits'a'	they (three or more) understand it; hear it

singular   To See Him, Her, It (perfective)

1st	yiiłtsą́	I saw him, her, it
2nd	yiniłtsą́	you saw him, her, it
3rd	yiyiiłtsą́	he, she, it saw him, her, it
3a	jiiłtsą́	he, she, one saw him, her, it.

dual

1st	yiiƚtsá	we (two) saw him, her, it
2nd	yooƚtsá	you (two) saw him, her, it
3rd	yiyiiƚtsá	they (two) saw him, her, it
3a	jiiƚtsá	they (two) saw him, her, it

distributive plural

1st	deiiltsá	we (three or more) saw him, her, it
2nd	dayooƚtsá	you (three or more) saw him, her, it
3rd	deiyiiƚtsá	they (three or more) saw him, her, it
3a	dajiiƚtsá	they (three or more) saw him, her, it

The neuter verb hóló (he, she, it exists) has the form hóló in the singular and dual. The distributive plural is dahóló (they exist).

1. Ha'át'íísha' nínízin?	What do you want?
2a. Chidí bijéí nisin.	I want a car battery.
b. Chidí bik'ah ła' nisin.	I want some oil.
c. Chidí bikee' ła' nisin.	I want some tires.
d. Éé' ła' nisin.	I want some clothes.
e. Ké ła' nisin.	I want some shoes.

1. Áádóósha'?	What else?
2. Díí ch'ah díkwíí bááh ílį́?	How much does this hat cost?

1. Naaki béeso dóó bá'aan dį́į́' yáál.	Two dollars and fifty cents.
2. Hágoshį́į́. T'áá'ákódí.	All right. That's all.

New Vocabulary

nínízin	you want
chidí bijéí	car battery (car its heart)
chidí bik'ah	automobile oil (car its lard)
chidí bikee'	tires (car its shoes)
éé'	clothes
ké	shoe, shoes
áádóósha'?	And then? What else?
díí	this
ch'ah	hat
díkwíí	how much
bááh ílį́	it costs
t'áá'ákódí	that's all

Explanation of Grammar for Lesson 9

Note that ké, shoes or shoe, changes to kee' when possessed: bikee'--his shoes,
shikee'--my shoes. However, ké ła' nisin--I want some shoes.

Generalize!

látsíní ła' nisin	I want some bracelets.
jaatł'óół ła' nisin	I want some earrings.
yoostsah ła' nisin	I want some rings.
yistłé ła' nisin	I want some socks.
deiji'éé' ła' nisin	I want some shirts.
tł'aakał ła' nisin	I want some dresses, skirts
'éétsoh nisin	I want a coat.
'éé' naats'ǫǫdii nisin	I want a sweater.

Expressions

t'óó baa dlo hasin	It's funny (comical).
doo baa dlo hasin da	It's not funny.
baa shił honeení	I'm having fun.
baa shił honeeni nt'ę́ę́'	I had fun.
baa nił honeeníísh	Are you having fun? Are you enjoying it?

Paradigm

Although the verb to buy it, to sell it, to trade it was not used in dialouge
9, it is herewith listed in the first three persons singular of the future
and the perfective (past).

Future:	nahideeshnih	I shall buy it.
	nahidííłnih	You will buy it.
	neidiyoołnih	He, she will buy it.

Perfective:	nahółnii'	I bought it.
	nahíníłnii'	You bought it.
	nayiisnii' 49	He, she bought it.

Note the following use of the postpositions bá (for him, her, it, them) and bea (from him, her, it, them) and their counterparts shá and shaa.

bá naháłnii'	I bought it for him, her, them.
baa naháłnii'	I bought it from him, her, them.
shá nayiisnii'	He, she bought it for me.
shaa nayiisnii'	He, she bought it from me.

The above forms mean to sell it when prepounded with bich'į (to him, her, it, them) shich'į (to me) nich'į (to you; singular) nihich'į (to use, you; plural).

bichidí shich'į nayiisnii'	He sold me his car.
shidibé bich'į naháłnii'	I sold him my sheep.

Practice these forms by shifting the postpositions and verbs to create new utterances. Check with your Navajo acquaintances.

Some Expressions Concerned with Buying

bíighah	It's enough; or it fits.
doo bíighah da	It's not enough; or it doesn't fit.
táá' béeso bíighahgo	Three dollars worth.
bi'oh neesh'á	I can't afford it.

Review of Dialogue 8 -- With Variations

Dialogue A

1) Háadish baghan?   Where is his (her) house?

2) Dził bitsįįdi baghan.   His house is at the foot of the mountains.

1) Nishą', háadi naghan?   How about you? Where is your house?

2) Shashbitoodi shaghan.   I live at Fort Wingate.

50

Dialogue B

1) Hádą́ą́' naa'ahóóhaigóó naayá? When did he (she) go to the fair?

2) Damóo yázhí yę́ędą́ą́'. Last Saturday.

1) Háísh áadi yiyiiłtsą́? Whom did he (she) see there?

2) Bik'is yiyiiłtsą́. He saw his brother (friend).

Interjections

nizéé'! Quiet! Shut up!

'ahálaane' An expression to use when you see a good friend after a long separation. It also means poor as ie., poor guy. Ahálaane' shimá!--poor mother!

Note on Orthography

The Navajo orthography used in this material was developed about thirty years ago by linguist Robert Young and his Navajo informant, William Morgan. It is accurately descriptive of Navajo sounds. A monthly newspaper in this orthography was published at one time at the Phoenix Indian School, but was discontinued. In spite of the practicality of the orthography, it has been ahead of its time. It is hoped that more Navajos may learn to read and write their native language.

1) Niih yíɫk'aaz daats'í? Did you catch cold?

2) Aoo', shiih yíɫk'aaz. Yes, I caught cold.

3) Shitah doo hats'íid da. I don't feel well.

1) Ha'át'éegosha'? How? (Why?)

2) Tɫ'óo'di shiiská. I spent the night outside.

1) Haa'ísha' dididiiljah. Let's build a fire.

2) Aoo', shiɫ t'áá'áko. Yes, that's fine with me,

Háálá diskos. Because I have a cough.

1) Ná'iidzííɫísh? Are you warming up?

2) Aoo', k'ad ná'iisdzííɫ. Yes, I'm warming up now.

New Vocabulary

níih	into you
yíɫk'aaz	cold moved
shiih yíɫk'aaz	cold moved into me; I caught cold.
shitah	among me
shitah doo hats'íid da.	I don't feel well.
ha'át'éegosha'?	Why? How?
tɫ'óo'di	outside
shiiská	I spent the night.
haa'ísha'	let's
dididiiljah	We shall build a fire.
t'áá'áko	It's fine; all right.
shiɫ t'áá'áko	It's fine with me; I agree.
ná'iidzííɫ	You are warming up.
ná'iisdzííɫ	I am warming up.

Explanation of Grammar for Lesson 10

A) --iih indicates movement into, or action into:

shiih yíłk'aaz	coldness moved into me; i.e. I caught a cold.
niih yíłk'aaz	You caught a cold.
biih yíłk'aaz	He, she caught a cold.

B) doo hats'íid da implies being out of sorts:

shitah doo hats'íid da	I don't feel well.
nitah doo hats'íid da	You don't feel well.
bitah doo hats'íid da	He, she doesn't feel well.

C)

shiiską́	I spent the night.
niiską́	You spent the night.
biiską́	He, she spent the night.

D) Dididiiljah means we shall build a fire. It is future in tense. Combined with haa'ísha' (let's), it becomes imperative: Let's build a fire.

E) Ná'iidzííl -- you are warming up -- becomes interrogative (asks a question) when --ish is suffixed:

Ná'iidzíílísh?	Are you warming up?

Expressions and Questions

yishdlóóh	I'm cold.
nidlóóhísh?	Are you cold?
yidlóóh	He, she is cold.
shił deesdoi	I'm hot.
nił deesdoi daats'í?	Are you hot?
bił deesdoi	He, she is hot.

53

shitah doo hats'íid da	I don't feel well.
nitah doo hats'íid da daats'í	Don't you feel well?
bitah doo hats'íid da	He, she doesn't feel well. They don't feel well.

shitah honeezgai	I'm sick. I'm running a fever.
nitah honeezgai daats'í	Are you sick? Do you have a fever?
bitah honeezgai	He, she is sick; running a fever.

diskos	I have a cough.
dílkos daats'í?	Do you have a cough?
dilkos	He, she has a cough.

More Ailments

nitahásh doo hats'íid da?	What ails you?
diniih	It aches.
Háa'í lá neezgai?	Where does it hurt?
sitsiits'iin diniih	My head aches.
shináá' diniih	My eyes hurt.
shiwoo' diniih	I have a toothache.
shadáyi' diniih (hodiniih)	I have a sore throat.
shijáá' diniih	I have an ear ache.
shibid diniih	I have a stomach ache.
shijáád jiniih	My leg aches.
shigaan diniih	My arm hurts.
shiyid diniih	My chest hurts.

Review of Dialogue 9 -- With Variations

1) Ha'át'íísha' yinízin.   What does he, she want?

2a) Tin ła' yinízin.   He wants some ice.

b) Tódilchxoshí ła' yinízin.   He wants some soda pop.

1) Áádóósha'?   What else?

2) Hóla. ·Nabídídíízkił.   I don't know. Ask him (her).

1) Díí tódiłhił díkwíí bááh ílí̧?   How much is this whiskey?

2) Tsots'id béeso dóó bá'aan táá' dotł'izh.   Seven dollars & thirty cents.

3) Bi'oh neesh'á̧.   I can't afford it.

Paradigm -- First three persons, imperfect singular: to want

nisin	I want
nínízin	you want
yinízin	he, she wants

Interjections

héí!	Hey!
t'áá shíí 'áko	Oh well!
yooch'ííd 'át'é	It's a lie!

Cultural Note

The Navajo sing, in propitiation of an offended god or gods who have retaliated
to an offense by sending illness, is called hatáál. Magic influence was,
and is, the root of illness and must be removed by chant (traditionally).
The power of the chant and its performance by the medicine man is perhaps
more important than specific herbs or medicines used. The cure of disease
then, is closely involved with religion. The medicine man, chanter par
excellence, is called hataałii. Navajos find no incompatibility in the
concomitant use of both modern medicine or medical facilities and the
hatáál.

1) Díísh háágóó atiin?   Where does this road go?

2a) Éí tóhaach'įgóó atiin.   That is the road to Tohatchi.

 b) Éí ch'ínílįgóó atiin.   That is the road to Chinle.

 c) Éí tséch'ízhígóó atiin.   That is the road to Rough Rock.

 d) Éí dziłíjiingóó atiin.   That is the road to Black Mountain.

   1) Atiin hashtł'ish daatsí'?   Is the road muddy?

  2a) Dooda, doo hashtł'ish da.   No, it's not muddy.

   b) Aoo', atiin hashtł'ish.   Yes, the road is muddy.

   c) Atiin séí.   The road is sandy.

 1) Atiin haash hoot'ééh?   How is the road?

 2) T'áá yá'áhoot'ééh ndi hodoowol.   It's pretty good but bumpy.

   1) Háadish hastiin yázhí baghan.   Where is Mr. Yazzie's house?

   2) T'áá k'éhézdon.   Straight ahead.

New Vocabulary

atiin	a road; the road
tóhaach'į	Tohatchi, New Mexico (water runs out)
ch'ínílį	Chinle, Arizona (it flows out)
tséch'ízhí	Rough Rock, Arizona
dziłíjiin	The Black Mountains, Arizona
hashtł'ish	mud; muddy
séí	sand; sandy
haash hoot'ééh?	What is its condition?
t'áá	This word has many meanings. With yá'áhoot'ééh above, it means fairly, pretty as in pretty good. With k'éhézdon it is an intensifier.

hastiin   Mr.; man

t'áá k'éhézdon; k'ézdon; k'éhozdon   straight; straight ahead

Explanation of Grammar for Lesson 11

High toned éí (that; that one) is usually used in reference to something
relatively remote.

Generalize!

Éí na'uízhoozhígóó atiin.   That's the road to Gallup.

Éí ma'ii tééh yítłizhígóó atiin.   That's the road to Coyote Canyon.

Éí tó niłts'ílígóó atiin.   That's the road to Crystal.

Éí t'iists'óóz ńdeeshgizhgóó atiin.   That's the road to Crownpoint.

Éí tséyi'góó atiin.   That's the road to Canyon de Chelly.

Éí lók'aahnteelgóó atiin.   That's the road to Ganado.

---

t'áá k'éhézdon   straight ahead

nish'náájígo   to the right

nishtł'ajígo   to the left

---

atiin haash hoot'ééh?   How's the road?

atiin hashtł'ish   The road is muddy.

atiin hodoowol   The road is bumpy.

atiin yá'áhoot'ééh   The road is good.

atiin hodilkọọh   The road is smooth.

Expressions

agháadi   favorite

díí agháadi shichidí   This is my favorite car.

díí agháadi shilį́į́'   This is my favorite horse.

díí agháadi shilátsíní   This is my favorite bracelet.

díí agháadi shidiyogí   57   This is my favorite rug.

t'áá'ákwííjį́ naashnish.	I work everyday.
t'áá'ákwíí ghaaí (hai) íínishta'.	I go to school every winter.
t'áá'ákwíí zhíní (shį́) áadi naalnish.	He works there every summer.

---

bááh díílid.	The bread is burned.
atsį' dííłdzid.	The meat is rotten.
tódiłhił dích'íí'.	The whiskey is bitter.
dibé bitsi' dits'id.	The mutton is tough.
ałk'ésdisí łikan.	The candy is sweet.
abe' dík'óózh.	The milk is sour.

Review of Dialogue 10 -- With Variations

1)	Biih yíłk'aazísh?	Did he (she) catch cold?
2)	Ndaga', doo biih yíłk'aaz da.	No, he (she) didn't catch cold.
3)	Bitah doo hats'íid da.	He (she) doesn't feel good.

1)	Ha'át'éegosha'?	Why?
2)	Tł'óo'di biiskǫ́.	He (she) spent the night outside.

1)	Didííníłjéé'ésh?	Did you build a fire?
2a)	Ndaga', chizh doo hólǫ́ǫ da.	No, there's no wood.
b)	Aoo', didííłjéé'.	Yes, I built a fire.

1)	Ná'iidzíílísh?	Are you warming up?
2)	Ałch'į́įdígo ná'iisdzííł.	A little.

Interjections

jó t'áá'aaníí!	You said it!	
nda yee'!	Certainly not! Hell no!	
yáá tsík'eh!	That's a lot of baloney.	

58

A Note on the Meanings of Some Place Names

tóhaach'į -- refers to water flowing; probably descriptive of the canyon
stream to the north-west of the settlement. (Tohatchi, N. M.)

ch'ínílį -- it flows out. (Chinle, Arizona)

tséch'ízhí -- descriptive of the rock; rough. (Rough Rock, Arizona)

dziłíjiin -- dził plus a mutated form of łizhin (black). (The Black
Mountains, Arizona)

na'nízhoozhí -- bridged-over place, refering to bridge over the Rio Puerco,
northside Gallup. (Gallup, New Mexico)

mą'ii tééh yítłizhí -- mą'ii (coyote), tééh (valley), yítłizhí (the one that
fell into it). (Coyote Canyon, New Mexico)

tó niłts'ílí -- water, crystalline. (Crystal, New Mexico)

t'iists'óóz ńdeeshgizh -- slender cottonwood gap. (Crownpoint, New Mexico)

tséyi' -- in the rocks or canyon. (Canyon de Chelly, Arizona)

lók'aahnteel -- wide reeds. (Ganado, Arizona)

Lesson 12 -- Dialogue A

1) Da' diné bizaadísh bee yáníłti'?   Do you speak Navajo?

2) Aoo', bee yáshti'.   Yes, I speak it.

1) Naakaii bizaadshą'?   How about Spanish?

Bee yáníłti' daats'í?   Do you speak it?

2a) Ndaga' doo bee yáshti' da, ndi   No, I don't speak it but

bilagáana bizaad bee yáshti'.   I speak English.

b) Áłch'įídígo bee yáshti'.   I speak it a little.

1) Yá'át'éehgo bee yáníłti' daats'í?   Do you speak it well?

2a) Doo hózhǫ́ bee yáshti' da.   I don't speak it well.

b) Yéigo nabíníshtaah. Shíká anilyeed.   I am trying hard. Help me.

Dialogue B

1) Táá' diné ooljéé'góó naaskai.   Three men went to the moon & returned.

2) Ha'át'éegoshą' baa ntsíníkees?   What do you think of it?

1) T'ah doo wooshdlą́a da.   I still don't believe it.

2) Kodóó ákǫ́ó díkwíísh tsin sitą́?   How many miles is it from here to there?

1) Kodóó naakidi neeznádiin dóó ba'aa   It's 250,000 miles from here.

ashdladiin míil tsin sitą́.

2) Nízaadyee!! Do bohónéedzą́a da.   Wow, that's far!! It's impossible.

New Vocabulary -- Dialogue A

bee yáníłti'   You speak it.

bee yáshti'   I speak it.

naakaii bizaad   60   the Spanish language

áłch'į́įndígo	a little bit
yá'át'éehgo	well; much; extremely
hózhǫ́	well; much; extremely
yéigo	hard
nabínishtaah	I am trying it; I am attempting it.

Dialogue B

diné	man; men; people
ooljéé'	the moon
naaskai	they went (and returned)
baa ntsíníkees	you think about it; you are thinking about it.
t'ah	still; yet
wooshdlą́	I believe it.
kodóó	from here
si'ą́	It is sitting in place. (a bulky thing or object is sitting in place; is located)
nízaad	It's far
nízaadyeé!	It's far, really! (--yee! intensifies the suggestion)
bohónéedzą́	It's possible; feasible

Explanation of Grammar for Lesson 12

A) The verb to speak, to talk it (a language) in the continuous imperfective (a tense similar to present tense but implying habitual action) is as follows in three persons; (the bee or yee is omitted to indicate I speak; you speak; he, she, it speaks.

bee yáshti'	I speak it.
bee yáníłti'	You speak it.
yee yáłti'	He speaks it. (bee changes to yee when third subject and object coincide)

61

B) The imperfective first three persons singular of to attempt, to try, are:

nabínishtaah   I am trying; I try.

nabínítaah   You are trying; you try.

nayínítaah   He, she, it is trying; he, she, it tries.

C) Objects in position are described by verb forms which vary with the shape or quality of the object in question. Thus si'ą describes a bulky, round, hard object in position, e.g.:

shijooł kwe'é si'ą   My ball is here.

bitsits'aa' nléidi si'ą   His box is over there.

nibéésh kwe'é si'ą   Your knife is here.

But: shichidí kwe'é sizį́   My car is here.

This positional problem in Navajo will be taken up more thoroughly in later lessons.

Review of Dialogue 11 -- With Variations

1) Díísh háágóó atiin?   Where does this road go?

2a) Éí chéch'il łánígóó (many oaks, literally oaks many) atiin.   That's the road to Cheechilgeetho. (south of Gallup)

b) Éí k'ai' bii' tógóó (water in the willows) atiin.   That's the road to Kaibito, Arizona.

c) Éí łichíí' deez'áhígóó (red bluffs) atiin.   That's the road to Sanders, Arizona.

    1) Atiin séí daats'í?   Is the road sandy?

    2) Aoo', atiin séí dóó hodoowol.   Yes, the road is sandy & bumpy.

        1) Atiin haash hoot'ééh?   How is the road?

        2) Atiin hashtł'ish.   The road is muddy.

        1) Háadish hastiin yázhí baghan?   Where is Mr. Yazzie's house?

        2) Ninish'náájígo.   To your right.

62

Generalize!

Da' diné bizaadísh bee yáníłti'?   Do you speak Navajo?

Da' bilagáana bizaadísh bee yáníłti'?   Do you speak English?

Da' naakaii bizaadísh bee yáníłti'?   Do you speak Spanish?

Da' bináá'adaalts'ózí bizaadísh bee yáníłti'?   Do you speak Japanese?

Da' béésh bich'ahí bizaadísh bee yáníłti'?   Do you speak German?

Aoo', bee yáshti'.   Yes, I speak it.

Dooda, doo bee yáshti' da.   No, I don't speak it.

Doo hózhǫ́ bee yáníłti' da.   You don't speak it well.

Doo hózhǫ́ ̜ee yáłti'.   He, she doesn't speak it well.

Táá' diné ooljéé'góó naaskai.   Three men went to the moon and back.

Díí diné naasht'ézhígóó naaskai.   These people (more than 2) went to Zuni & back.

Díí' ashiiké kingóó naaskai.   Four boys went to the store and back.

Díí ashkii dziłgóó naayá.   This boy went to the mountain(s) and back.

Naaki at'ééké ákǫ́ǫ́ naazh'áázh.   Two girls went over there and back.

Naaki asdzání kintahgóó naazh'áázh.   Two women went to town and back.

Naaki diné na'nízhoozhígóó naazh'áázh.   Two men went to Gallup and back.

63

More Months

yas niłt'ees	(roasting snow)	January
atsá biyáázh	(little eagles)	February

Expressions

t'áado shaa nánít'íní	Don't bother me.
doo áhályání	You blockhead!
doo áháshyání	What a blockhead I am!

Some Adjectival Utterances

tó sido	The water is warm; hot.
gohwééh sik'az	The coffee is cold.
atoo' shibéézh	The soup (stew) is boiled.
ooljéé' nímaz	The moon is round.
tł'oo'di t'óó baa hoo'ih	The weather is bad. (Outside it is dirty.)
tsits'aa' nidaaz	The box is heavy.
naaltsoos 'aszólí	The book is light.

64

Lesson 9

Ha'át'íísha' nínízin?	Chidí bijéí nisin.
Ha'át'íísha' nínízin?	Chidí bik'ah Ża' nisin.
Ha'át'íísha' nínízin?	Chidí bikee' Ża' nisin.
Ha'át'íísha' nínízin?	Éé' Ża' nisin.
Ha'át'íísha' nínízin?	Ké Ża' nisin.
Ha'át'íísha' nínízin?	Látsíní Ża' nisin.
Ha'át'íísha' nínízin?	JaatŻ'óóŻ Ża' nisin.
Ha'át'íísha' nínízin?	Yoostsah Ża' nisin.
Ha'át'íísha' nínízin?	YistŻé Ża' nisin.
Ha'át'íísha' nínízin?	Deiji'éé' Ża' nisin.
Ha'át'íísha' nínízin?	TŻ'aakaŻ Ża' nisin.
Ha'át'íísha' nínízin?	'éétsoh nisin.
Ha'át'íísha' nínízin?	'éé' naats'oodii nisin.

Díí ch'ah díkwíí bááh ílí?	Naaki béeso.
Díí chidí bijéi díkwíí bááh ílí?	Naadiin béeso.
Díí chidí bik'ah díkwíí bááh ílí?	Díí' yáál dóó ba'aa gíinsi.
Díí chidí bikee' díkwíí bááh ílí?	Díí'ts'ádaah béeso.
Díí éé' díkwíí bááh ílí?	Ashdla' béeso dóó ba'aa táá' dotŻ'izh.
Díí ké díkwíí bááh ílí?	Náhást'éí béeso dóó ba'aa naaki yáál.

Baa niŻ honeeníísh?	Aoo', baa shiŻ honeeni.
Baa niŻ honeeníísh?	Dooda, doo baa shiŻ honeeni da.
Baa niŻ honeeníísh nt'éé?	Aoo', baa shiŻ honeeni nt'éé.
Baa niŻ honeeníísh nt'éé?	Dooda, doo baa shiŻ honeeni da nt'éé.

T'óó baa dlo hasin daats'í?   Aoo', t'óó baa dlo hasin.

T'óó baa dlo hasin daats'í?   Dooda, doo baa dlo hasin da.

Bíighah daats'í?   Aoo', bíigha.

Bíighah daats'í?   Doo bíighah da.

Háadish baghan?   Ńléídi baghan.

Háadish baghan?   Kwe'é baghan.

Háadish naghan?   Dził bitsíídi shaghan.

Háadish naghan?   Shashbitoodi shaghan.

Háadish nihighan?   Tséghádhoodzánídi nihighan.

Háadish nihighan?   Tóta'di nihighan.

Hádą́ą́' kingóó naayá?   Adą́ą́dą́ą́' ákǫ́ǫ́ naayá.

Hádą́ą́' tóta'góó naayá?   Damóo yę́ędą́ą́' naayá.

Hádą́ą́' ákǫ́ǫ́ naayá?   Doo ákǫ́ǫ́ naayáa da.

Háísh áadi yiyiiłtsą́?   Bimá yiyiiłtsą́.

Háísh áadi yiyiiłtsą́?   Bizhé'é yiyiiłtsą́.

Háísh áadi yiyiiłtsą́?   Bik'is yiyiiłtsą́.

Háísh áadi yiyiiłtsą́?   Nik'is yiyiiłtsą́.

Háísh áadi yiyiiłtsą́?   Shik'is yiyiiłtsą́.

Háísh áadi yiyiiłtsą́?   Nihik'is yiyiiłtsą́.

Lesson 10

Niih yíłk'aaz daats'í?   Aoo', shiih yíłk'aaz.

Niih yíłk'aaz daats'í?   Ndaga', doo shiih yíłk'aaz da.

Niih yíłk'aaz daats'í?   Ndaga', ndi shitah doo hats'íid da.

Háadish niiská?	Tł'óo'di shiiská.
Háadish niiská?	Kwe'é shiiská.
Háadish niiská?	Ńléidi shiiská.
Háadish niiská?	Shaghandi shiiská.
Háadish niiská?	Shizhé'é baghandi shiiská.
Háadish niiská?	Shimá baghandi shiiská.
Háadish niiská?	Na'nízhoozhídi shiiská.
Háadish biiská?	Tł'óo'di biiská.
Háadish biiská?	Tóta'di biiská.
Háadish biiská?	Tóta'di shádi'ááhjígo biiská.

Haa'ísha' dididiiljah.	Aoo' shił t'áá'áko.
Haa'ísha' dididiiljah.	Dooda, doo íinisin..
Ná'iidzíiłísh?	Aoo', ná'iisdzíił.
Ná'iidzíiłísh?	Dooda, doo ná'iisdzíił da.
Nidlóóhísh?	Aoo', yishdlóóh.
Nidlóóhísh?	Dooda, doo yishdlóoh da.
Yidlóóhísh?	Aoo', yidlóóh.
	Tł'óo'di deesk'aaz.

Brief Dialogue

1) Nidlóóhísh?

2) Dooda, shił deesdoi.

   1) Nitah honeezgai daats'í?

   2) Aoo', shitah honeezgai.

1) Ha'át'éegosha?

2) Hóla, shitah doo hats'íid da.

1) Dílkos daats'í?

2) Aoo', diskos.

Nitahásh doo hats'íid da?   Sitsiits'iin diniih.

Nitahásh doo hats'íid da?   Shináá' diniih.

Nitahásh doo hats'íid da?   Shiwoo' diniih.

Nitahásh doo hats'íid da?   Shadáyi' diniih. (hodiniih)

Nitahásh doo hats'íid da?   Shijáá' diniih.

Nitahásh doo hats'íid da?   Shibid diniih.

Nitahásh doo hats'íid da?   Shijáád diniih.

Nitahásh doo hats'íid da?   Shigaan diniih?

Nitahásh doo hats'íid da?   Shiyid diniih.

Bitahásh doo hats'íid da?*   Bitsiits'iin diniih.**

Bitahásh doo hats'íid da.   Bináá' diniih.

Bitahásh doo hats'íid da.   Biwoo' diniih.

Bitahásh doo hats'íid da.   Bidáyi' diniih. (hodiniih)

Bitahásh doo hats'íid da.   Bijaa' diniih.

Bitahásh doo hats'íid da.   Bibid diniih.

Bitahásh doo hats'íid da.   Bijáád diniih.

Bitahásh doo hats'íid da.   Bigaan diniih.

Bitahásh doo hats'íid da.   Biyid diniih.

Bitahásh doo hats'íid da.   Doo iiłháásh da.

Ha'át'íísha' yinízin?   Tin ła' yinízin.

Ha'át'íísha' yinízin?   Tódiłchxoshí ła' yinízin.

Ha'át'íísha' yinízin?   Éé' ła' yinízin.

Ha'át'íísha' yinízin?   Tó ła' yinízin.

Ha'át'íísha' yinízin?   Tódiłhił ła' yinízin.

Díí tódiłhił díkwíí bááh ílí?   Ashdla' béeso. Bi'oh neesh'á.

Díí gohwééh díkwíí bááh ílí?   T'áá'łá'í béeso.

Díí chidí díkwíí bááh ílí?   Míil béeso. Bi'oh neesh'á.
_____
      * Bitahásh doo hats'íid da? What ails him, her?
    ** Bitsiits'iin diniih. 68 His, her head aches.

Díísh háágóó atiin?	Éí tóhaach'įgóó atiin.
Díísh háágóó atiin?	Éí ch'ínílígóó atiin.
Díísh háágóó atiin?	Éí tséch'ízhígóó atiin.
Díísh háágóó atiin?	Éí dziłíjiingóó atiin.
Díísh háágóó atiin?	Éí na'nízhoozhígóó atiin.
Díísh háágóó atiin?	Éí mą'ii tééh yítłizhígóó atiin.
Díísh háágóó atiin?	Éí tóniłts'ílígóó atiin.
Díísh háágóó atiin?	Éí t'iists'óóz ńdeeshgizhgóó atiin.
Díísh háágóó atiin?	Éí tséyi'góó atiin.
Díísh háágóó atiin?	Éí lók'aahnteelgóó atiin.

Atiin hashtł'ish daats'í?	Aoo', hashtł'ish.
Atiin hashtł'ish daats'í?	Dooda, doo hashtł'ish da.

Atiin haash hoot'ééh?	Atiin séí.
Atiin haash hoot'ééh?	Atiin hashtł'ish.
Atiin haash hoot'ééh?	Atiin hodoowol.
Atiin haash hoot'ééh?	Atiin yá'áhoot'ééh.
Atiin haash hoot'ééh?	Atiin hodilkǫǫh.

Bááh nił łikan daats'í?*	Dooda, díílid.
Atsį' nił łikan daats'í?	Dooda, dííłdzid.
Tódiłhił nił łikan daats'í?	Dooda, dích'íí'.
Dibé bitsį' nił łikan daats'í?	Dooda, dits'id.
Ałk'ésdisí nił łikan daats'í?	Aoo', ayóo łikán.
Abe' nił łikan daats'í?	Dooda, dík'ǫǫzh.

T'áá'ákwííjį́ nanilnishísh?	Aoo', t'áá'ákwííjį́ naashnish.
T'áá'ákwííhai íníłta'ásh?	Aoo', t'áá'ákwííhai íníshta'.
T'áá'ákwíízhíní áadi naalnishísh?	Aoo', t'áá'ákwíízhíní áadi naalnish.

---

*Nił łikan daats'í? -- Do you like it? (referring to flavor)

Da' diné bizaadísh bee yáníłti'?   Aoo', bee yáshti'.

Da' naakaii bizaadísh bee yáníłti'?   Ndaga', doo bee yáshti' da.

Da' naasht'ézhí bizaadísh bee yáníłti'?   Áłch'įįdígo bee yáshti'.

Da' bilágaana bizaadísh bee yáníłti'?   Aoo', bilagáana bizaad bee yáshti'.

Da' bilágaana bizaadísh bee yáníłti'?   Doo hózhǫ́ bee yáshti' da.

Da' bilágaana bizaadísh bee yáníłti'?   Yéigo nabíníshtaah.

Díkwíí diné oljéé'góó naaskai?   Táá' diné ákǫ́ǫ́ naaskai.

Díkwíí diné kingóó naaskai?   Ashdla' diné ákǫ́ǫ́ naaskai.

Díkwíí diné kintahgóó naaskai?   Neezná diné ákǫ́ǫ́ naaskai.

Díkwíí diné tóta'góó naaskai?   T'áá'ła'í diné ákǫ́ǫ́ naaya.

Kodǫ́ǫ́ ákǫ́ǫ́ díkwíísh tsin sitą́?   Kodóó ákǫ́ǫ́ díį' tsin sitą́.

Kodóó ákǫ́ǫ́ díkwíísh tsin sitą́?   Kod66 ákǫ́ǫ́ tsots'id tsin sitą́.

Kodǫ́ǫ́ ákǫ́ǫ́ díkwíísh tsin sitą́?   Kodóó ákǫ́ǫ́ mííl tsin sitą́.

Kodóó ákǫ́ǫ́ díį' tsin sitą́.   Doo nízaad da.

Kodóó ákǫ́ǫ́ tsots'id tsin sitą́.   Doo nízaad da.

Kodóó ákǫ́ǫ́ mííl tsin sitą́.   Ayóó nízaad.

Díísh háágóó atiin?   Éí chéch'il łánígóó atiin.

Díísh háágóó atiin?   Éí k'ai' bii' tógóó atiin.

Díísh háágóó atiin?   Éí łichíí' deez'áhígóó atiin.

Atiin haash hoot'ééh?   Atiin séí dóó hodoowol.

Atiin haash hoot'ééh?   Atiin hashtł'ish.

Háadish hastiin yázhí baghan?   Ninish'náájígo baghan.

Háadish hastiin yázhí baghan?   Ninishtł'ajígo baghan.

70

Háísh oljéé'góó naaskai?	Táá' diné ooljéé'góó naaskai.
Háísh naasht'ézhígóó naaskai?	Díí diné naasht'ézhígoo naaskai.
Háísh kingóó naaskai?	Díí' ashiiké kingóó naaskai.
Háísh dziɫgóó naayá?	Díí ashkii dziɫgóó naayá.
Háísh áką́ą́ naazh'áázh?	Naaki at'ééké áką́ą́ naazh'áázh.
Háísh kintahgóó naazh'áázh?	Naaki asdzání kintahgóó naazh'áázh.
Háísh na'nízhoozhígóó naazh'áázh?	Naaki diné na'nízhoozhígóó naazh'áázh.

Tó sidoósh?*	Dooda, doo sido da. Sik'az.
Gohwééhísh sik'az?*	Aoo', sik'az.
Atoo' shibéézhísh	Dooda, doo shibéezh da.
Ooljéé' nímazísh?	Aoo', nímaz.
Iɫ'óo'díísh t'óó baa hoo'i?	Dooda, nizhónígo oo'áɫ.
Tsits'aa' nidaazísh?	Aoo', ayóo nidaaz.
Naaltsoosísh 'aszólí?	Aoo', 'aszólí.

---

*Note that in these utterances, the question indicator -sh or -ísh can be used with either element of the utterance. A word ending in a vowel merely prolongs that vowel with rising tone: sido--it is warm; hot. Sidoósh?--Is it warm; hot? If the final vowel is already high, the high tone is prolonged with the same high vowel sound: nichidí--your car: nichidíísh?

Verb Paradigms

Note the prepounded forms shá, bá, ná and shaa, baa, naa in the first three persons singular. They may be prepounded to all the persons.

To Buy It; To Sell It

singular	Future	
1st	ná nahideeshnih	I shall buy it for you
2nd	bá nahidííɫnih	you will buy it for him, her
3rd	shá neidiyooɫnih	he, she will buy it for me

dual

1st	nahidiilnih	we (two) shall buy it
2nd	nahidooɫnih	you (two) will buy it
3rd	neidiyooɫnih	they (two) will buy it

distributive plural

1st	ndahidiilnih	we (three or more) shall buy it
2nd	ndahidooɫnih	you (three or more) will buy it
3rd	ndeidiyooɫnih	they (three or more) will buy it

singular   Imperfect

1st	naa nahashniih	I am buying it from you
2nd	baa nahiɫniih	you are buying it from him, her
3rd	shaa nayiiɫniih	he, she is buying it from me

dual

1st	nahiilniih	we (two) are buying it
2nd	nahoɫniih	you (two) are buying it
3rd	nayiiɫniih	they (two) are buying it

distributive plural

1st	nadahiilniih	we (three or more) are buying it
2nd	nadahoɫniih	you (three or more) are buying it
3rd	nadayiiɫniih	they (three or more) are buying it

When shich'į, nich'i, and bich'į are prepounded to the above forms, the meaning changes from to buy to to sell. Here is the perfect (past tense) using these propositions.

singular   Perfect

1st	nich'į naháɫnii'	I sold it to you
2nd	bich'į nahínɫɫnii'	you sold it to him, her
3rd	shich'į nayiisnii'	he sold it to me

72

<u>dual</u>

1st	naheelnii'		we (two) bought it
2nd	nahooɬnii'		you (two) bought it
3rd	nayiisnii'		they (two) bought it

<u>distributive plural</u>

1st	nadaheelnii'		we (three or more) bought it
2nd	nadahooɬnii'		you (three or more) bought it
3rd	nadayiisnii'		they (three or more) bought it

To Spend the Night

<u>singular</u>   Perfective

1st	shiiská̧	I spent the night
2nd	niiská̧	you spent the night
3rd	biiská̧	he, she spent the night

<u>singular</u>   Future

1st	shiidooɬkááɬ	I shall spend the night
2nd	niidooɬkááɬ	you shall spend the night
3rd	biidooɬkááɬ	he, she shall spend the night

To Build a Fire

<u>singular</u>   Future

1st	didideeshjah	I shall build a fire
2nd	dididííɬjah	you will build a fire
3rd	dididooɬjah	he, she will build a fire
3a	didizhdooɬjah	he, she, one will build a fire

<u>dual</u>

1st	dididiiljah	we (two) will build a fire
2nd	dididooɬjah	you (two) will build a fire

73

<u>dual</u> (cont.)

3rd   dididooɫjah   they (two) will build a fire

3a   didizhdooɫjah   they (two) will build a fire

<u>distributive plural</u>

1st   didadidiiljah   we (three or more) will build a fire

2nd   didadidooɫjah   you (three or more) will build a fire

3rd   dideididooɫjah   they (three or more) will build a fire

3a   dideizhdooɫjah   they (three or more) will build a fire

<u>singular</u>   Imperfective

1st   didishjeeh   I am building a fire

2nd   didíɫjeeh   you are building a fire

3rd   diidiɫjeeh   he, she is building a fire

3a   dizhdiɫjeeh   he, she, one is building a fire

<u>dual</u>

1st   didiiljeeh   we (two) are building a fire

2nd   didoɫjeeh   you (two) are building a fire

3rd   diidiɫjeeh   they (two) are building a fire

3a   dizhdiɫjeeh   they (two) are building a fire

<u>distributive plural</u>

1st   didadiiljeeh   we (three or more) are building a fire

2nd   didadoɫjeeh   you (three or more) are building a fire

3rd   dideidiɫjeeh   they (three or more) are building a fire

3a   didazhdiɫjeeh   they (three or more) are building a fire

<u>singular</u>   Perfective

1st   didíɫɫjéé'   I built a fire

2nd   didíínííɫjéé'   you built a fire

singular

3rd	díidíí̱ɫjéé'	he, she built a fire
3a	dízhdíí̱ɫjéé'	he, she, one built a fire

dual

1st	didiiljéé'	we (two) built a fire
2nd	didooɫjéé'	you (two) built a fire
3rd	díidíí̱ɫjéé'	they (two) built a fire
3a	dízhdíí̱ɫjéé'	they (two) built a fire

distributive plural

1st	didadiiljéé'	we (three or more) built a fire
2nd	didadooɫjéé'	you (three or more) built a fire
3rd	dideidíí̱ɫjéé'	they (three or more) built a fire
3a	didazhdíí̱ɫjéé'	they (three or more) built a fire

To Ask Him, Her

singular

Future

1st	nabídídéeshkiɫ	I will ask him, her
2nd	nabídídíí̱ɫkiɫ	you will ask him, her
3rd	nayídídóoɫkiɫ	he, she will ask him, her
3a	nabízhdídóoɫkiɫ	he, she, one will ask him, her

dual

1st	nabídídíilkiɫ	we (two) will ask him, her
2nd	nabídídóoɫkiɫ	you (two) will ask him, her
3rd	nayídídóoɫkiɫ	they (two) will ask him, her
3a	nabízhdídóoɫkiɫ	they (two) will ask him, her

distributive plural

1st	ndabídídíilkiɫ	we (three or more) will ask him, her
2nd	ndabídídóoɫkiɫ	you (three or more) will ask him, her

distributive plural (cont.)

3rd	ndeídídóoɫkiɫ	they will ask him, her
3a	ndabízhdídóoɫkiɫ	they (three or more) will ask him, her

singular   Imperfective

1st	nabídíshkid	I am asking him, her
2nd	nabídíɫkid	you are asking him, her
3rd	nayídíɫkid	he, she is asking him, her
3a	nabízhdíɫkid	he, she, one is asking him, her

dual

1st	nabídíilkid	we (two) are asking him, her
2nd	nabídóɫkid	you (two) are asking him, her
3rd	nayídíɫkid	they (two) are asking him, her
3a	nabízhdíɫdid	they (two) are asking him, her

distributive plural

1st	ndabídídíilkid	we (three or more) are asking him, her
2nd	ndabídóɫkid	you (three or more) are asking him, her
3rd	ndayídíɫkid	they (three or more) are asking him, her
3a	ndabízhdíɫkid	they (three or more) are asking him, her

singular   Perfective

1st	nabídééɫkid	I asked him, her
2nd	nabídííniɫkid	you asked him, her
3rd	nayídééɫkid	he, she asked him, her
3a	nabízhdééɫkid	he, she, one asked him, her

dual

1st	nabídíilkid	we (two) asked him, her
2nd	nabídóoɫkid	you (two) asked him, her

76

<u>dual</u> (cont.)

3rd	nayídééłkid	they (two) asked him, her
3a	nabízhdééłkid	they (two) asked him, her

<u>distributive plural</u>

1st	ndabídíilkid	we (three or more) asked him, her
2nd	ndabídóołkid	you (three or more) asked him, her
3rd	ndayídééłkid	they (three or more) asked him, her
3a	ndabízhdééłkid	they (three or more) asked him, her

<u>To Speak</u> (prepound <u>bee</u> to say <u>to speak</u> <u>it</u>.)

<u>singular</u>		Future
1st	yádeeshtih	I shall speak
2nd	yádíiłtih	you will speak
3rd	yádoołtih	he, she will speak
3a	yázhdoołtih	he, she, one will speak

<u>dual</u>

1st	yádiiltih	we (two) will speak
2nd	yádoołtih	you (two) will speak
3rd	yádoołtih	they (two) will speak
3a	yázhdoołtih	they (two) will speak

<u>distributive plural</u>

1st	yádadiiltih	we (three or more) will speak
2nd	yádadoołtih	you (three or more) will speak
3rd	yádadoołtih	they (three or more) will speak
3a	yádazhdoołtih	they (three or more) will speak

singular		Continuous Imperfective
1st	yáshti'	I am speaking
2nd	yáníɫti'	you are speaking
3rd	yáɫti'	he, she is speaking
3a	yájíɫti'	he, she, one is speaking

dual		
1st	yéiilti'	we (two) are speaking
2nd	yáɫti'	you (two) are speaking
3rd	yáɫti'	they (two) are speaking
3a	yájíɫti'	they (two) are speaking

distributive plural		
1st	yádeiilti'	we (three or more) are speaking
2nd	yádaaɫti'	you (three or more) are speaking
3rd	yádaaɫti'	they (three or more) are speaking
3a	yádajiɫti'	they (three or more) are speaking

singular		Perfective
1st	yááɫti'	I spoke
2nd	yéíníɫti'	you spoke
3rd	yááɫti'	he, she spoke
3a	yájííɫti'	he, she, one spoke

dual		
1st	yéiilti'	we (two) spoke
2nd	yáooɫti'	you (two) spoke
3rd	yááɫti'	they (two) spoke
3a	yájííɫti'	they (two) spoke

distributive plural

1st	yádeiilti'	we (three or more) spoke
2nd	yádaooɫti'	you (three or more) spoke
3rd	yádaaɫti'	they (three or more) spoke
3a	yádajiiɫti'	they (three or more) spoke

To Try

singular

Imperfective

1st	nabíníshtaah	I am trying
2nd	nabínítaah	you are trying
3rd	nayínítaah	he, she is trying
3a	nabízhnítaah	he, she, one is trying

dual

1st	nabíníitaah	we (two) are trying
2nd	nabínóhtaah	you (two) are trying
3rd	nayínítaah	they (two) are trying.
3a	nabízhnítaah	they (two) are trying

distributive plural

1st	nabídaniitaah	we (three or more) are trying
2nd	nabídanohtaah	you (three or more) are trying
3rd	nayídanitaah	they (three or more) are trying
3a	nabídazhnitaah	they (three or more) are trying

To Think About It

singular

Future

1st	baa ntsídeeskos	I shall think about it
2nd	baa ntsídííkos	you will think about it
3rd	yaa ntsídookos	he, she will think about it
3a	yaa ntsízhdookos	he, she, one will think about it

79

dual

1st	baa ntsídiikos	we (two) will think about it
2nd	baa ntsídoohkos	you (two) will think about it
3rd	yaa ntsídookos	they (two) will think about it
3a	yaa ntsízhdookos	they (two) will think about it

distributive plural

1st	baa ntsídadiikos	we (three or more) will think about it
2nd	baa ntsídadoohkos	you (three or more) will think about it
3rd	yaa ntsídadookos	they (three or more) will think about it
3a	yaa ntsídazhdookos	they (three or more) will think about it

singular   Continuous Imperfective

1st	baa ntséskees	I am thinking about it
2nd	baa ntsíníkees	you are thinking about it
3rd	yaa ntsékees	he, she is thinking about it
3a	yaa ntsídzíkees	he, she, one is thinking about it

dual

1st	baa ntsíikees	we (two) are thinking about it
2nd	baa ntsóhkees	you (two) are thinking about it
3rd	yaa ntsékees	they (two) are thinking about it
3a	yaa ntsídzíkees	they (two) are thinking about it

distributive plural

1st	baa ntsídeiikees	we (three or more) are thinking about it
2nd	baa ntsídasoohkees	you (three or more) are thinking about it
3rd	yaa ntsídaakees	they (three or more) are thinking about it
3a	yaa ntsídadzikees	they (three or more) are thinking about it

<u>singular</u>   Perfective

1st baa ntsísékééz   I thought about it

2nd baa ntsísíníkééz   you thought about it

3rd yaa ntsízkééz   he, she thought about it

3a   yaa ntsídzíkééz   hé, she, one thought about it

<u>dual</u>

1st baa ntsísiikééz   we (two) thought about it

2nd baa ntsísookééz   you (two) thought about it

3rd yaa ntsízkééz   they (two) thought about it

3a   yaa ntsídzízkééz   they (two) thought about it

<u>distributive plural</u>

1st baa ntsídasiikééz   we (three or more) thought about it

2nd baa ntsídasookééz   you (three or more) thought about it

3rd yaa ntsídasikééz   they (three or more) thought about it

3a   yaa ntsídadzizkééz   they (three or more) thought about it

<u>To Believe Him, Her, It</u>

<u>singular</u>   Continuous Imperfective

1st wooshdlá   I am believing him, her, it

2nd yinídlá   you are believing him, her, it

3rd yoodlá   he, she is believing him, her, it

3a   joodlá   he, she, one is believing him, her, it
                                       81

dual

1st yiniidlą́   we (two) are believing him, her, it

2nd woohdlą́   you (two) are believing him, her, it

3rd yoodlą́   they (two) are believing him, her, it

3a   joodlą́   they (two) are believing him, her, it

distributive plural

1st deiiniidlą́   we (three or more) are believing him, her, it

2nd daoohdlą́   you (three or more) are believing him, her, it

3rd dayoodlą́   they (three or more) are believing him, her, it

3a   dajoodlą́   they (three or more) are believing him, her, it

Lesson 13 Dialogue

1. Ha'át'íishą' yíní'į́?   What do you see?

2.   (a) Łį́į́' yish'į́   I see a horse(s)

     (b) Mą'ii yish'į́   I see a coyote(s)

     (c) Béégashii yish'į́   I see a cow(s)

     (d) Łééchąą'í yish'į́   I see a dog(s)

     (e) Mósí yish'į́   I see a cat(s)

     (f) Gahtsoh yish'į́   I see a jack rabbit(s)

     (g) Gałbáhí yish'į́   I see a cottontail(s)

     (h) Tł'iish yish'į́   I see a snake(s)

     (i) Gáagi yish'į́   I see a cow(s)

All of the above nouns may be used, of course, with the perfect
<u>yiiłtsą́</u> (I saw him, her, it).

1. Háadi?   Where?

2.   (a) Ńléidi, cháshk'eh biyii'   Over there, in the arroyo

     (b) Ńléidi, tséta'di   Over there, between the rocks

     (c) Ńléidi, bikooh góne'   Over there, in the canyon

     (d) Ńléidi, gad biyaadi   Over there, under the juniper

     (e) Ńléidi, tsé bideijígo   Over there, above the rock

     (f) Ńléí wóyahdi   Down there!

     (g) Ńléí wódahdi   Up there!

New Vocabulary

yíní'į́	you see it
yish'į́	I see it
łį́į́'	horse(s), livestock
mạ'ii	coyote(s)
béégashii	cow(s)
łééchąą'í	dog(s)
mósí	cat
gahtsoh	jackrabbit
gałbáhí	cottontail
tł'iish	snake
gáagi	crow
háadi	Where?
ńléídi	over that way; over there
cháshk'e	arroyo
biyii'	in it
tséta'	between the rocks
bikooh	canyon
góne'	in it, inside
gad	juniper tree
biyaadi	beneath it
bideijígo	over it
ńléí wóyahdi	down there
ńléí wódahdi	up there

84

Paradigm for _to see_ in the progressive is in the first three persons:

yish'į́	I see it
yíní'į́	you see it
yoo'į́	he, she sees it

And again in the perfective:

yiiłtsą́	I saw it
yiniłtsą́	you saw it
yiyiiłtsą́	he, she, saw it

Generalize!

Dólii yish'į́	I see a bluebird
Atsá yiiltsą́	I saw an eagle
Ginítsoh yish'į́	I see a sparrowhawk

Shash yíní'į́įsh?	Do you see a bear?
Shashtsoh yish'į́	I see a grizzly bear

Bįįhísh ła' yiniłtsą́?	Did you see deer?
Bįįh ła' doo yiiłtsą́ą da	I didn't see any deer.
Náshdóí yiiłtsą́	I saw a wild cat
Náshdóítsoh yiiłtsą́	I saw a mountain lion

Dlǫ́ǫ' yiiłtsą́	I saw a prairie dog
Dlodziłgaii yiiłtsą́	I saw a gray squirrel
Gólízhii yiiłtsą́	I saw a skunk
Tł'ízí yiiłtsą́	I saw a goat

Na'ashǫ́'ii yish'į́	I see a lizard
Na'ashǫ́'ii dich'ízhii yish'į́	I see a horned toad
Tł'iish ánínígíí yish'į́	I see a rattlesnake

85

Points of Grammar in Action

The enclitic -go

You are familiar with enclitics such as -góó (direction toward), -di (location at), -déé' (past time), etc. The enclitic -go is a participializer of verbs and an adverbializer of nouns and particles. It is roughly translateable as while, as, when, as soon as, -ing (as in singing) and -ly (as in nicely) etc.

Practice the Following:

Na'nízhoozhígóó' déyáago nił' hodeeshnih.	When(as soon as) I go to Gallup (and back) I'll tell you.
Bóhoosh'aahgo shił yá'át'ééh.	I like learning it.
Íínishta'go doo shił yá'át'ééh da.	I don't like going to school.
Bee yáshti'go shił nantł'a.	Speaking it is difficult for me.
Naashnishgo shił yá'át'ééh.	I like working.
Áadi naasháago nahideeshnih.	When I'm there (I'm walking around there) I'll buy it.

Éé' Xa' nisingo king66 niséyá. Wanting (needing) some clothes,

I went to the store.

Diné bizaad yá'át'éehgo bee yáníłti'. You speak Navajo well (nicely).

Nizhónígo naalnish. He, she, it works well.

Shíjgo ákǫǫ déyá. When it is summer (in the summer),

I'll go there.

Review of Dialogue 12 with Variations

Dialogue A

1. Da' dziłghá'í bizaadísh bee yánłti'? Do you speak Apache (White

Mountain)?

2. (a) Aoo', yá'át'éehgo bee yáshti'. Yes, I speak it well.

(b) Áłch'įįdígo bee yáshti'. I speak it a little.

1. Yéigo nabínítaahásh? Are you trying hard?

2. Aoo', yéigo nabíníshtaah. Yes, I'm trying hard.

Dialogue B

1. Naaki diné kintahgóó naazh'áázh. The two men went to town.

2. Ha'át'íísh biniyé? What for? For what purpose?

1. Chidí nayiiłniihgo biniyé To buy a car. (For the purpose

of buying a car.)

2. Kod66 kintahgóó díkwíísh tsin sitą́? How far is it from town to here?

1. Kod66 ashdladiin d66 ba'ąą tsots'id It's fifty-seven miles.

tsin sitą́.

2. Doo nízaad da. It's not far.

87

A Study of Postpositions

Postpositions are so called because they follow rather than precede the preposition. Bá, in favor of him, her; for him, her, recognizes b as representing bi-, third person singular pronoun. Thus for me, in my favor is shá, etc.

shá naalnish	he is working for me
bá naashnish	I am working for him, her
ná naalnish	he is working for you
nihá nanilnish	you are working for us

---

bá nahideeshnih	I'll buy it for him, her
shá nahidíílnih	Buy it for me
ná nayiisnii'	He bought it for you

Imperatives

díní'įį́!	Look!	
adíídlį́į́ł!	Drink!	(to one person)
adoohdlį́į́ł!	Drink!	(to two persons)
da'adoohdlį́į́ł!	Drink!	(to more than two persons)

---

adííyį́į́ł!	Eat!	(to one person)
adoohsį́į́ł!	Eat!	(to two persons)
da'adoohsį́į́ł!	Eat!	(to more than two persons)

Adjectival Utterances

Łį́į́' łibá.	The horse is gray.
Gáagi łizhin.	The crow is black.
Gółízhii łizhin dóó łigai.	The skunk is black and white.
Tł'iish łitso dóó łichíí'.	The snake is yellow and red.
Dólii dootł'izh.	The bluebird is blue.
Tł'ízí di'il.	The goat is hairy.

88

Cultural Note

In the old days (aɫk'iidą́ą́') animals were used by the Navajo not only
for food and clothing, but for religious purposes as well. And quivers
made of skins, and feathered arrows were used in war. The bones of birds
and animal legs were also employed as whistles for chants. So animals
were vital to traditional Navajo ceremony and witch craft. The various
species of the bear, for example, are said to come from the parts of mythi-
cal beings. The skins of certain animals have been commonly used as
ritualistic and ceremonial appurtenances; and squirrels, rabbits, and the
coyote are prominent in legends and folktales.

The following material is designed to give you practice in saying give me, him, her. The material deals with the changing stem of the Navajo verb. The stem (the last part of the verb) defines, in an abstract sense, shape, quality, size, action, etc., It changes form in pursuit of the definition or explanation of differently shaped objects whose qualities also vary.

The stem -aah refers to the handling (in the examples below, giving) of a single, bulky object, round and/or hard. -Aah is imperfective (present tense).

béésh shaa ní'aah	Give me the (a) knife.
báah shaa ní'aah	Give me the (a) bread.
atsį' shaa ní'aah	Give me the (a) meat.
tózis shaa ní'aah	Give me the (a) bottle.
naaltsoos shaa ní'aah	Give me the (a) book.

The stem -kaah is imperfective and is used to designate the handling of something in a container:

tó shaa níkaah	Give me the water.
tódiłhił shaa níkaah	Give me the whiskey.
tódilchxoshí shaa níkaah	Give me the soda pop.
atoo' shaa níkaah	Give me the stew.
chidí bitoo' shaa níkaah	Give me the gasoline.
chidí bik'ah shaa níkaah	Give me the oil.

A workout with two stems in the imperfective, -aah and -kaah.

Instructor	Student
béésh _____ _____	béésh shaa ní'aah
tó _____ _____	tó shaa níkaah
chidí bik'ah _____ _____	chidí bik'ah shaa níkaah
naaltsoos _____ _____	naaltsoos shaa ní'aah
tódilchxoshí _____ _____	tódilchxoshí shaa níkaah
tózis _____ _____	tózis shaa ní'aah
atoo' _____ _____	atoo' shaa níkaah
bááh _____ _____	bááh shaa ní'aah
chidí bitoo' _____ _____	chidí bitoo' shaa níkaah

Practice until you become automatic. More verbs involving handling of objects will be given in lessons to follow.

Change subject and indirect object thusly:

béésh naa nish'aah   I am giving you the knife.

tó naa nishkaah   I am giving you the water.

Dialogue A

1.	Ha'át'íísha' niyą́?	What are you eating?
2.	Dibé bitsį' yishą́.	I'm eating mutton.

1.	Ła' shaa ní'aah.	Give me some.
2.	a. Na'.	Here you are.
	b. Ła' naa nish'aah.	I'm giving you some.

ííníyą́ą' daats'í   Did you eat?

aoo', ííyą́ą'   Yes, I ate.

Dialogue B

1.	Ha'át'íísha' nidlą́?	What are you drinking?
2.	Gohwééh yishdlą́.	I am drinking coffee.

91

1. Ła' shaa níkaah.   Give me some.

2. a. Na'.   Here you are.

   b. Ła' naa nishkaah.   I'm giving you some.

Da' íínídlą́ą́'ásh.   Did you drink? (also: Did you get drunk?)

Aoo', eeshdlą́ą́'.   Yes, I drank. (also: Yes, I got drunk.)

The use of <u>dooleeł</u> or <u>doo</u> for futurizing present tense verbs:

    naashnish dooleeł   I shall be working.

    bóhoosh'aah dooleeł   I shall be learning it.

    yishą́doo   I shall eat it.

Dooleeł and doo can function as verbs also:

    shił nantł'a doo.   It will be hard for me.

    nił yá'át'éeh dooleeł   You will like it.

Áadi nanilnishísh dooleeł?   Aoo', áadi naashnish dooleeł.

  Will you work there?   Yes, I'll work there.

Da' bóhooł'aahásh dooleeł?   Aoo', bóhoosh'aah doo.

  Will you be learning it?   Yes, I'll be learning it.

Da' niłísh yá'át'éeh doo?   Aoo', shił yá'át'éeh dooleeł.

  Will you like it?   Yes, I'll like it.

Compare the foregoing with postpounding ńt'éé' (ńt'ę́ę́'):

naashnish ńt'ę́ę́'   I was working.

yishą́ nt'ę́ę́'   I was eating it.

yishdlą́ ńt'ę́ę́'   I was drinking it.

_____

More questions and answers with the -go enclitic.

Nizhónígoósh oo'ááł?   Aoo', nizhónígo oo'ááł.

    Is it a nice day?   Yes, it's a nice day.

    (Is the day moving along nicely?)

Tł'óo'di deesk'aazgo nił́ish yá'át'ééh?   Dooda, tł'óo'di deesk'aazgo doo shił

                                    yá'át'ééh da.

    Do you like it when it's cold   No, I don't like it when it is cold

      outside?   outside.

Kingóó naaskaigo háísh deiyiiłtsą́?   Ákǫ́ǫ́ naaskaigo bimá deiyiiłtsą́.

    When they went to the store,   They saw his mother when they

      whom did they see?   went to the store.

Review of Dialogue 13 With Variations

1. Ha'át'íishą' yoo'į́?   What does he (she) see?

2. a.   Dóola yoo'į́.   He (she) sees a bull.

    b.   Ch'ał yoo'į́.   He (she) sees a frog.

1. Háadi?   Where?

2. a.   Ńléidi, tsé bikáa'di.   Over there on top of the rock.

    b.   Ńléidi, deestsiin bine'jí.   There, behind the piñon tree.

Imperatives

dáádílkał ąą ánílééh!   Open the door!

dádi'nílkaał!   Close the door!

_____

tsésǫ' ąą ánílééh!   Open the window!

tsésǫ' dádi'nílkaał!   Close the window!

Lesson 15

Dialogue A

1. Ha'át'íísh' hanítá? — What are you looking for?

2. Shimósí hanishtá. — I'm looking for my cat.

---

1. Bik'ííníyáásh? — Did you find it?

2. Aoo', bik'íníyá. — Yes, I found it.

Dialogue B

1. Díkwíísh binááhai? — How old is he (she)?

   a. Tsots'idsts'áadah binááhai. — He (she) is seventeen.

   b. Tseebííts'áadah binááhai. — He (she) is eighteen.

   c. Ashdla' binááhai. — He (she) is five.

1. a. Ółta'ásh? — Does he (she) go to school?

   b. Naalnishísh? — Does he (she) work?

2. a. Aoo', kwe'é ółta'. — Yes, he (she) goes to school here.

   b. Aoo', łahda naalnish. — Yes, he (she) works sometimes.

   c. Aoo', t'áá'ákwííjį́ naalnish. — Yes, he (she) works everyday.

   d. T'áá'áłajį' naalnish. — He (she) works all the time.

   e. T'áá'íiyisí naalnish. — He (she) works hard.

Paradigms

The first three persons singular of <u>to look for it</u>, <u>to search for it</u> in the continuous Imperfective (present tense, continuous action) are:

Hanishtá	I am looking for it.
Hanítá	You are looking for it.
Hainitá	He (she) is looking for it.

The perfect (past) of <u>to</u> <u>find</u> <u>it</u>, <u>to</u> <u>come</u> <u>upon</u> <u>it</u> is:

bik'íníyá   I found it.

bik'ííníyá   You found it.

yik'íníyá   He (she) found it.

Generalize!

Díkwíísh binááhai?   How old is he (she)? How many

                            are his (her) years?

Díkwíísh ninááhai?   How old are you?

Naadiin shinááhai.   I am twenty years old.

Tádiin shinááhai.   I am thirty.   (my years are thirty)

Dízdiin shinááhai.   I am forty.

Ashdladiin dóó ba'ąą hastą́ shinááhai.   I am fifty-six years old.

Ha'át'íísh ninaanish?

                   Ółta'í nishłį́.   I am a student.

                   Chidítsoh neiłbąąsii nishłį́.   I

                   am a truckdriver.

Ha'át'ííshą' hanítá?   What are you looking for?

Shijaatł'óół hanishtá.   I am looking for my earrings.

Biyoostsah hanishtá.   I am looking for his (her) ring.

Sik'is hanishtá.   I am looking for my brother.

Bichidí hanishtá.   I am looking for her car.

Háágóósh díníyá?	Where are you going?
Diné bikéyahgóó déyá.	I am going to the Navajo Reservation.
Naasht'ézhí bikéyahgóó déyá.	I am going to Zuni.
Wááshindoongóó déyá.	I am going to Washington.

Háádéégshą' naniná?	Where are you from?
Diné bikéyahdéé' naashá.	I am from the Navajo Reservation.
Naasht'ézhí bikéyahdéé' naashá.	I am from the Zuni Reservation.
Wááshindoondéé' naashá.	I am from Washington.

More practice with the -go enclitic.

Íínílta'góósh nił yá'át'ééh?	Do you like going to school?
Aoo', íínishta'go shił yá'át'ééh.	Yes, I like going to school.
Dooda, íínishta'go doo shił yá'át'ééh da.	No, I don't like going to school.

Ashą́ą́go shił yá'át'ééh.	I like to eat. (eating)
Ashdlą́ą́go shił yá'át'ééh.	I like to drink. (drinking)
Ákǫ́ǫ́ déyáago shił' yá'át'ééh.	I like to go there. (going there)
Ółta'go bił yá'át'ééh.	He likes to go to school
Naalnishgo bił' yá'át'ééh.	She likes working.

Make questions of the above!

Another Handling Verb

The imperfective stem -łteeh refers to the handling of an animate object.

Mósí shaa níłteeh.	Give me the cat.
Tł'iish shaa níłteeh.	Give me the snake.
Awéé' shaa níłteeh.	Give me the baby.
Dibé yázhí shaa níłteeh.	Give me the lamb.

Mixed Practise

Instructor	Student
Tó _____ _____	Tó shaa níkaah.
Mósí _____ _____	Mósí shaa níłteeh.
Béésh _____ _____	Béésh shaa ní'aah.
Bááh _____ _____	Bááh shaa ní'aah.
Awéé' _____ _____	Awéé' shaa níłteeh.
Atoo' _____ _____	Atoo' shaa níkaah.
Tózis _____ _____	Tózis shaa ní'aah.
Dibé yázhí _____ _____	Dibé yázhí shaa níłteeh.
Tódilchxoshí _____ _____	Tódilchxoshí shaa níkaah.
Tł'iish _____ _____	Tł'iish shaa níłteeh.
Chidí bik'ah _____ _____	Chidí bik'ah shaa níkaah.
Naaltsoos (book) _____ _____	Naaltsoos shaa ní'aah.

Review of Dialogues in Lesson 14 - with variations

Dialogue A

1.	Ha'át'íishą' yiyą́?	What is he (she) eating?
2.	Béégashii bitsį' yiyą́.	He (she) is eating meat.
1.	Ła' baa ní'aah.	Give her some.
2.	Hágoshį́į. Ła' baa nish'aah.	All right. I'm giving her some.

Dialogue B

1. Ha'át'íísha' yidlá?   What is he (she) drinking?
2. Tódilchxoshí yidlá.   She is drinking soda pop.

1. Ła' baa níkaah.   Give her some.
2. Ła' baa nishkaah.   I'm giving her some.

Two widely-used postpositions

A. bich'į' -- toward him, her, it them. To him, her, it, them.

   bich'į' yáníłti'   You are talking to him.

   shich'į' yáłti'   He is speaking to me.

   nich'į' yáłti'   He is speaking to you.

   yich'į' yáłti'   He (she) is speaking to her (him).

B. biniina -- because of it, for the reason that.

Short Dialogues with biniina

1. Ha'át'íísh biniina kwe'é   Why (for what reason) are you

   nanilnish?   working here?

2. T'óó shił yá'át'ééh!   I just like it.

1. Ha'át'íísh biniina ákǫǫ díníyá? For what purpose are you going there?
2. Shimá bá naashnishgo biniina.   For the purpose of working for my

                                      mother.

Personal Characteristics

Doo ba'jóolíí' ít'ée da.   He (she) is unreliable.

Shíni' yá'át'ééh.   I am mentally sound. (My mind

                                      (shíni') is good).

Diigis   He (she) is insane. (also, stupid).

Bíni' ádin or T'óó bíni' ádin.   He (she) is stupid.

Éí hastiin ayóó áhósin.   That man is intelligent.

Bił hóyéé'.   He (she) is lazy.

Some Emotions and Dispositions

shił hózhǫ́.   I am happy.

doo bił hózhǫ́ǫ da.   He (she) is not happy.

binásdzid.   I am afraid of it.

bináníldzid.   You are afraid of it.

yináldzid.   He is afraid of it.

bíneeshdlį́.   I am interested (in it).

ádadeeshlxá.   I am bored with it.

Lesson 16

Dialogue A

1.	Háadish naniná nt'ę́ę́'?	Where have you been?
2.	Naasht'ézhí bikéyahdi naashá nt'ę́ę́'.	I've been on the Zuni Reservation.
1.	Hádą́ą́' néínídzá?	When did you get back?
2.	Adą́ą́dą́ą́' nánísdzá.	I got back yesterday.

New Vocabulary for Dialogue A

kéyah	Land, country
néínídzá	You returned, came back
nánísdzá	I returned

Dialogue B

1.	Hahgo shich'į' n'díílééł?	When are you going to pay me?
2.	Yiską́ągo nich'į' n'deeshłééł.	I'll pay you tomorrow.
1.	Kii bich'į' na'íínílá daats'í?	Did you pay Kii?
2.	Aoo', bich'į' na'nílá.	Yes, I payed him.

New Vocabulary for Dialogue B

shich'į'	to me
nich'į'	to you
bich'į'	to him, her
shich'į' n'díílééł	you will pay (to) me
n'deeshłéél	I shall pay
na'íínílá	You payed
na'nílá	I payed

101

Verb Paradigms

Perfect- to return

nánísdzá	I returned, came back
néínídzá	You returned
nádzá	He, she returned

Future- to pay him, her

bich'į' n'deeshłééł	I'll pay him, her
bich'į' n'díílééł	You'll pay him, her
yich'į' n'doolééł	He'll (she'll) pay him, her

Perfect- to pay him, her

bich'į' na'nílá	I paid him, her
bich'į' na'íínílá	You paid him, her
yich'į' na'nílá	He (she) paid him, her

Generalize !

Hádą́ą́' néínídzá?	When did you return?
Kóhoot'éédą́ą́' nánísdzá.	I got back last year.
Naakiskańdą́ą́' nánísdzá.	I got back two days ago.
Ńdeezidę́ę́dąą' nánísdzá.	I got back last month.
Díį' ńdeezidę́ę́dą́ą́' nánísdzá.	I got back four months ago.
Damóo yę́ędą́ą́' nánísdzá.	I got back last week.
Tł'éédą́ą́' nánísdzá.	I got back last night.

Now Use the Future !

Hahgo ńdíídááł?	When will you return?
Kónááhoot'éhí ńdeeshdááł.	I'll get back next year.
Kodóó táá' yiskągo ńdeeshdááł.	I'll get back in three days.
Kodóó naaki ńdeezidgo ńdeeshdááł.	I'll get back in two months.
Kodóó hastą́ą́h damóogo ńdeeshdááł.	I'll get back in six weeks.

102

1. Shaa náádíídááł..	Come back to (see) me.
2. Hágoshį́į́. Naa náádeoshdááł..	All right. I'll come back to see you.

Díkwíí béeso bich'į' na'íínílá?	How much money did you pay her, him?
Táá' béeso bich'į' na'nílá.	I paid him (her) three dollars.
Neeznáá béeso dóó ba'aan naaki dootł'izh bich'į' na'nílá.	I paid him (her) ten dollars and twenty cents.
Doo bich'į' na'nílóa da.	I didn't pay him (her).

The Enclitic -í, -ígíí, and -ii.

The first two enclitics above mean A.) the one (-í), and B.) that which, those which (-ígíí). The low-toned (-ii), C.) refers to that particular one.

Examples:

A.) sidá	He is sitting
Naalyéhé yá sidáhí	Trader (goods for, the one who is sitting: sidá(h)í)
naaghá	He is walking around.
naagháhí	The one who is walking around.
B.) wolyé	It (he, she) is called.
wolyéígíí	That which is called.
yídahooł'aah	They are learning it.
yídahooł'aahígíí	Those who are learning it (students).
C.) adlą́	He drinks.
adlą́anii	That particular drinker (drunkard).
yidiits'a'	He hears, he understands.
adiits'a'ii	That particular one who understands (an interpreter).

Two Months:

Wóózhch'ííd?	March- sound of young eagles *
T'ą́ą́chil	April- new plant growth

More Weather

Tł'óo'di haash hoot'ééh?	How is the weather? (How is it outside?)
T'óó baa hoo'ih.	The weather is bad.
Níyol.	The wind is blowing.
Níló naałtin	It's hailing.
Sho yiigááh	It's frosty.
Sho yiigaii	It frosted up.
K'os	It's cloudy.
Yóó' ahoolzhóód.	It cleared off.
Hodínóogah	It's going to warm up, be hot.
Honiigááh	It's warming up. It's hot.
Honiigaii	It warmed up.
nílch'i yá'áhoot'ééh.	The weather is fine. (The air is good

Use of the -go enclitic with Weather Terms

Níyolgo doo shił' yá'át'éeh da	I don't like wind (when it's blowing)
Níló naałtingo doo shił yá'át'éeh da.	I don't like it when it's hailing.
Sho yiigááhgo nizhóní.	It's beautiful when there's frost.
Honiigááhgo baa shił hózhǫ́.	I'm happy when it gets warm.

Review of Lessons 15 Dialogues with Variations

Dialogue A

1.	Ha'at'ííshą' hainitá?	What's he (she) looking for?
2.	Bichidí hainitá.	He's looking for his car.
1.	Yik'íníyáásh?	Did he find it?
2.	Dooda, doo yik'íníyáa da.	No, he didn't find it.

* The exact meaning of w<u>óó</u>zhch'ííd is in some doubt.

1. Díkwíísh bindáąhai?   How old are they?

2. Éí ashkii ashdla' bin ǫ́áhái dóó bilah   That boy is five and his sister
   neeznáá bináąhai.   is ten.

1. a. Ółta'ásh?   Do the two of them go to school?

   b. Da'ółta'ásh?   Do they (three or more) go to school?

2. a. Ashkii doo ółta' da ndi bilah   The boy doesn't go to school, but his
      na'nízhoozhídi ółta'.   sister goes to school in Gallup.

   b. Haigo at'ééd t'éiyá ółta' ndi   In the winter only the girl goes to
      shįįgo t'ąą'ałta dibé ndeiniłkaad.   school but in the summer both of them
                                            herd sheep.

The Distributive Plural -da

Da- is affixed to many nouns and verbs to denote a plurality of three
or more.

a.	baghan	his house
	dabaghan	Their (three or more) houses
b.	bóhooł'aah	You (one or two) are learning it.
	bídahooł'aah	You (three or more) are learning it.
c.	nohsin	The two of you want it.
	danohsin	You (three or more) want it.
d.	haash wolyé?	What's he (she, it) called?
	haash daolyé?	What are they called?

Da- is not invariably affixed to words to form a distributive plural.
But it is very frequent. It varies its position in verb complexes and
often alters form. Its use is to be learned through experience.

105

Handling Verbs

The stem -lé refers to the handling of a slender, flexible object.

tł'óół shaa nílé	Give me the rope (or string)
tł'iish shaa nílé	Give me the snake.

Practice the following:

Instructor

tł'óół _____ _____	tł'óół shaa nílé.
tó _____ _____	tó shaa níkaah.
béésh _____ _____	béésh shaa ní'aah.
awéé' _____ _____	awéé' shaa nííteeh.
tł'iish _____ _____	tł'iish shaa nílé.
tózis _____ _____	tózis shaa ní'aah.
chidí bik'ah _____ _____	chidí bik'ah shaa níkaah.
dibé yázhí _____ _____	dibé yázhí shaa nííteeh.
atoo' _____ _____	atoo' shaa níkaah.

Adjectival Utterances with t'óó (just, merely)

t'óó'ahayóí	a lot, much, many, there are a lot.
bidibé t'óó'ahayóí dahólǫ́.	He has a lot of sheep.
Díí atiin t'óó baa hasti'.	This road is dangerous.
T'óó nichxǫ'į	He's ugly; it's no good.
T'óó báhádzidgo	Terribly.
T'óó báhádzidgo shił nantł'a	It's terribly difficult for me.

Lesson 13

Ha'át'íísha' yíní'į?	Łį́į́' yish'į́.
Ha'át'íísha' yíní'į?	Mạ'ii yish'į́.
Ha'át'íísha' yíní'į?	Béégashii yish'į́.
" "	Łééchạạ'í yish'į́.
" "	Mósí yish'į́.
" "	Dóli yish'į́.
" "	Gahtsoh yish'į́.
" "	Ginítsoh yish'į́.
" "	Gałbáhí yish'į́.
" "	Na'ashǫ́'ii yish'į́.
" "	Tł'iish yish'į́.
" "	Tł'iish ánínígíí yish'į́.
" "	Gáagi yish'į́.

Háadi?	i'léí wódahdi.
Háadi?	Nléí wóyahdi.
Háadi?	Nléidi, tsé bideijígo.
"	Nléidi, ẹad biyaadi.
"	Nléidi, bikooh góne'.
"	Nléidi, tséta'di.
"	Nléidi, cháshk'eh biyi!'.

Ha'át'íísha' yiniłtsá?	Atsá yiłtsá.
Ha'át'íísha' yiniłtsá?	Náshdóí yiłtsá.
" "	Náshdóítsoh yiłtsá.
" "	Dlǫ́ǫ' yiłtsá.

Ha'át'íísha̱ yiniłtsą́?   Dlǫdziłgaii yiłłtsą́

     "   "   Gółízhii yiłłtsą́

     "   "   Łį'ízí yiłᵏtsą́

Shash yíní'íísh?   Shashtsoh yish'į́

Bįįhísh ła' yiniłtsą́?   Bįįh ła' doo yiłłtsą́ą̱ da

108

Ha'át'íísha'niyá?   Dibé bitsi' yishą́.

    "   "   Bááh yishą́.

Ííníyą́ą́' daats'í?   Aoo', ííyą́ą́'.

Ha'át'íísha' nidlą́?   Gohwééh yishdlą́.

    "   "   Tó yishdlą́.

Da' íínídlą́ą́'ash?   Aoo', eeshdlą́ą́'.

Áadi nanilnishísh dooleeł?   Aoo', áadi naashnish dooleeł.

Da' bóhooł'aahásh dooleeł?   Aoo', bóhoosh'aah doo.

Da' niłísh yá'át'éeh doo?   Aoo', shił yá'át'éeh dooleeł.

Nizhónígoósh oo'áał?   Aoo', nizhónígo oo'áał.

Tł'óo'di deesk'aazgo niłísh   Dooda, tł'óo'di deesk'aazgo
    yá'át'ééh?   doo shił yá'át'éeh da.

Kingóó naaskaigo háísh   Ákǫ́ǫ́ naaskaigo bimá
    deiyiiłtsą́?   deiyiiłtsą́.

Ha'át'íishą' hanítá?	Shimósí hanishtá.
" "	Shijaatł'óół hanishtá.
" "	Biyoostsah hanishtá.
" "	Sik'is hanishtá.
" "	Bichidí' hanishtá.
Díkwíísh binááhai?	Tsots'ídsts'áadah binááhai.
" "	Tseebííts 'áadah binááhai.
" "	Ashdla' binááhai.
Díkwíísh ninááhai?	Naadiin shinááhai.
" "	Tádiin shinááhai.
" "	Dízdiin shinááhai.
" "	Ashdladiin dóó ba'ąą hastą́ shinááhai
Ółta'ásh?	Aoo', kwe'é ółta'.
Naalnishísh?	Aoo', łahda naalnish.
" "	Aoo', t'áá'ákwííjį́ naalnish.
" "	T'áá'ałajį́ naalnish.
" "	T'áá'íiyisí naalnish.
Bik'íiníyááish?	Aoo', bik'ínívá.
Ha'át'íish ninaanish?	Ó'łta'í nishłí.
" "	Chidítsoh neiłbąąsii nishłį́.
Háágóósh díníyá?	Diné bikéyahgóó déyá.
" "	Naasht'ézhí bikéyahgóó déyá.
" "	Wááshindoongóó déyá.

110

Háádéé́shą' naniná?	Diné bikéyahdéé́?
" "	Naasht'ezhidéé́' naashá.
" "	Wáashindoondéé́' naashá'.
Íiníłta'goósh niłyá'át'ééh	Aoo', íiní_shta'go shiłyá'át'ééh.
" "	Dooda, íiníshta'go doo shił yá'át'éeh da.
Díkwíísh bindą́áhai.	Éí ashkii ashdla' binááhai dóó bilah neeznáa binááhai.
Ółta'ásh?	Ashkii doo ółta' da ndi bilah na'nízhoozhídi ółt'a.
"	Haigo at'ééd t'éiyá ółta' ndi shį́įgo t'áá' áłah dibé ndeiniłkaad.

111

Háadish naniná ńt'ę́ę́'?	Naasht'ézhí bikéyahdi· naashá ńt'ę́ę́'.
Hádą́ą́' néínídzá?	Adą́ą́dą́ą́' nánísdzá.
" "	Kóhoot'éédą́ą́ nánísdzá.
" "	Naakiskańdą́ą́' nánísdzá.
" "	Ńdeezidę́ędą́ą́ nánísdzá.
" "	Díį́' ńdeezidę́ędą́ą́' nánísdzá.
" "	Damóo yę́ędą́ą́' nánísdzá.
" "	Tłّ'éédą́ą́' nánísdzá.
Hahgo ńdíídáál?	Kónááhoot'éhí ńdeeshdą́ą́l.
" "	Kodóó táá' yiską́ago ńdeeshdą́ą́l.
" "	Kodóó naaki ńdeezidgo ńdeeshdą́ą́l.
" "	Kodóó hastą́ą́h damóogo ńdeeshdą́ą́l.
Hahgo shich'į' n'dííléél?	Yiską́ago nich'į' n'deeshléél.
Kii bich'į' na'ííníláásh?	Aoo', bich'į' na'nílá.
Díkwíí béeso bich'į' na'íínílá?	Táá' béeso bich'į' na'nílá.
" " " " "	Neeznáá béeso dóó ba'aan naaki dootł'izh bich'į' na'nílá.
" " " "	Doo bich'į' na'níláa da.
Tl'óo'di haash hoot'ééh?	Tóó baa hoo'ih.
" " "	Níyol.
" " "	Níl󠁳ó naałtin.
" " "	Sho yiigááh.
" " "	Sho yiigaii.
" " "	K'os
" " "	Yóó' ahoolzhóód.

Tł'óo'di haash hoot'ééh?   Hodinóogah.

   "   "   "   Honiigááh.

   "   "   "   Honiigaii.

   "   "   "   Níłch'i yá'áhoot'ééh.

A Word About the Verb Paradigms

From now on the presentation of verb paradigms will appear as below, without the English meaning written out for each expression. Thus, hadínéeshtaal (future, 1st person singular) means I shall look for it; haniitá (imperfective, 1st person dual) means We (two) are looking for it; and hadanootą́ą́' (perfective, 2nd person distributive plural) means You (more than two) looked for it.

Future - to search for it

Singular	Dual	Distributive plural
1st hadínéeshtaal	hadíníitaal	hadadíníitaal
2nd hadíníitaal	hadínóohtaal	hadadínóohtaal
3rd haidínóotaal	haidínóotaal	hadaidínóotaal
3a hazbdínóotaal	hazhdínóotaal	hadazhdinootaal

Imperfective

Singular	Dual	Distributive plural
1st hanishtá	haniitá	hadaniitá
2nd hanítá	hanohtá	hadanohtá
3rd hainitá	hainitá	hadainitá
3a hazhnitá	hazhnitá	hadazhnitá

Perfective

Singular	Dual	Distributive plural
1st hanétą́ą́'	haneetą́ą́'	hadaneetą́ą́'
2nd hanínítą́ą́'	hanootą́ą́'	hadanootą́ą́'
3rd haineeztą́ą́'	haineeztą́ą́'	hadaineeztą́ą́'
3a hazhneeztą́ą́'	hazhneeztą́ą́'	hadazhneeztą́ą́'

114

Verb Paradigms for Lessons 13 - 16

Progressive - To see it

Singular	Dual	Plural
1st yish'į́	yiit'į́	deiit'į́
2nd yini'į́	yoh'į́	dayoh'į́
3rd yoo'į́	yoo'į́	dayoo'į́
3a joo'į́	joo'į́	dajoo'į́

Future - To eat (intransitive)

Singular	Dual	Distributive Plural
1st adeeshį́į́ł	adiidį́į́ł	da'adiidį́į́ł
2nd adíílį́į́ł	adoohsį́į́ł	da'adoohsį́į́ł
3rd adooyį́į́ł	adooyį́į́l	da'adooyį́į́l
3a azhdooyį́į́ł	azhdooyį́į́l	da'yazhdooyį́į́l

Imperfective

Singular	Dual	Distributive Plural
1st ashą́	iidą́	da'iidą́
2nd iyą́	ohsą́	da'ohsą́
3rd ayą́	ayą́	da'ayą́
3a ayiyą́	ajiyą́	da'ajiyą́

Perfective

Singular	Dual	Distributive Plural
1st ííyą́ą́'	iidą́ą́'	da'iidą́ą́'
2nd íiníyą́ą́'	ooyą́ą́'	da'ooyą́ą́'
3rd ííyą́ą́'	iiyą́ą́'	da'iiyą́ą́'
3a ajííyą́ą́'	ajiiyą́ą́'	da'ajiiyą́ą́'

Future - to drink (intransitive)

Singular	Dual	Distributive plural
1st adeeshdlį́į́ł	adiidlį́į́ł	da'adiidlį́į́ł
2nd adíídlį́į́ł	adoohdlį́į́ł	da'adoohdlį́į́ł
3rd adoodlį́į́ł	adoodlį́į́ł	da'adoodlį́į́ł
3a azhdoodlį́į́ł	azhdoodliił	da'azhdoodlį́į́ł

Imperfective

Singular	Dual	Distributive plural
1st ashdlą́	iidlą́	da'iidlą́
2nd idlą́	ohdlą́	da'ohdlą́
3rd adlą́	adlą́	da'adlą́
3a ajidlą́	ajidlą́	da'ajidlą́

Perfective

Singular	Dual	Distributive plural
1st eeshdlą́ą́'	iidlą́ą́'	da'iidlą́ą́'
2nd íínídlą́ą́'	oohdlą́ą́'	da'oohdlą́ą́'
3rd oodlą́ą́'	oodlą́ą́'	da'oodlą́ą́'
3a ajoodlą́ą́'	ajoodlą́ą́'	da'ajoodlą́ą́'

Future - to find it

Singular	Dual	Distributive plural
1st bik'ídeeshháá̱ł	bik'ídiit'ash	bik'ídiikah
2nd bik'ídíínį́ą́ł	bik'ídooh'ash	bik'ídoohkah
3rd bik'ídoogą́ą́ł	bik'ídoo'ash	bik'ídookah
3a bik'íjidoogą́ą́ł	bik'íjidoo'ash	bik'íjidookah

116

Imperfective - to find it (cont.)

Singular	Dual	Distributive plural
1st bik'íníshǫ́ǫ́h	bik'íniit'aash	bik'íniikaah
2nd bik'íníńǫ́ǫ́h	bik'ínoh'aash	bik'ínohkaah
3rd yik'éghǫ́ǫ́h	yik'é'aash	yik'ékaah
3a bik'íjíghǫ́ǫ́h	bik'íjí'aash	bik'íjíkaah

Perfective

Singular	Dual	Distributive plural
1st bik'íníyá	bik'íniit'ą́ą́zh	bik'íniikai
2nd bik'ííníyá	bik'ínoo'ą́ą́zh	bik'ínoohkai
3rd yik'íníyá	yik'íní'ą́ą́zh	yik'ékai
3a bik'ízhníyá	bik'ízhní'ą́ą́zh	bik'íjíkai

Future - to return

Singular	Dual	Distributive plural
1st ńdeeshdą́ą́ł	ńdiit'ash	ńdiikah
2nd ńdíídą́ą́ł	ńdooht'ash	ńdoohkah
3rd ńdoodą́ą́ł	ńdoot'ash	ńdookah
3a nízhdoodą́ą́ł	nízhdoot'ash	nízhdookah

Imperfective

Singular	Dual	Distributive plural
1st ńdézdzá	ńdeet'ą́ą́zh	ńdeekai
2nd ńdínídzá	ńdishoot'ą́ą́zh	ńdisoohkai
3rd ńdeesdzá	ńdeesht'ą́ą́zh	ńdeeskai
3a nízhdeesdza	nízhdeesht'ą́ą́zh	nízhdeeskai

Singular	Dual	Distributive plural
1st nánísdzá	nániit'áázh	nániikai
2nd néínídzá	nánoot'áázh	nánoohkai
3rd nádzá	nát'áázh	nákai
3a ńjídzá	ńjít'áázh	ńjíkai

Future - to pay

Singular	Dual	Distributive plural
1st ńdeeshłééł	n'dilléél	n'dadiiléél'
2nd n'díílééł	n'doohłéél	n'dadoohléél
3rd n'doolééł	n'doolééł	n'dadoolééł'
3a nizh'doolééł	nizh'doolééł	n'danizh'doolééł'

Imperfective

Singular	Dual	Distributive plural
1st na'nishłé	na'niiłé	nda'niiłé
2nd na'nił'é	na'nohłé	nda'nohłé
3rd na'íłé	na'íłé	nda'íłé
3a n'jíłé	n'jíłé	nda'jíłé

Perfective

Singular	Dual	Distributive plural
1st na'níłá	na'niiłá	nda'niiłá
2nd na'íínílá	na'noołá	nda'noolá
3rd na'nílá	na'nílá	nda'nílá
3a nazh'nílá	nazh'nílá	nda'zhnílá

Imperfective - to be sitting

Singular	Dual	Distributive plural
1st· sedá	siiké	naháaté
2nd sínídá	soohké	nahóoté
3rd sidá	siké	naháazté
3a jizdá	jizké	njíizté

Dialogue A

1.	a.	Hahgo hadoot'ih?	a.	When does it begin?	
	b.	Hahgo na'akai hadoot'ih?	b.	When does the yé'ii bichaii begin
2.		Táa'di azlíí'go hadoot'ih.		It begins at three o'clock.	

New Vocabulary for Dialogue A

hadoot'ih   It will begin.

na'akai   yé'ii bichaii

táa'di azlíí'go   When it has become three o'clock.

Dialogue B

1.	Hádáá' háát'i'?	When did it begin?	
2.	Táa'di yéedáá' háát'i'.	It began at three o'clock.	

New Vocabulary for Dialogue B

háát'i'   it began

táa'di yéedáá'   at three o'clock (past time)

Dialogue C

1.	a.	Ninít'i' daats'í?	a.	Did it end?	
	b.	Na'akaiísh ninít'i'	b.	Did the yé'ii bichaii end?
2.	a.	Aoo', ninít'i'.	a.	Yes it ended.	
	b.	Aoo', dįį'di dóó náá'ałníí'go ninít'i'.	b.	Yes, it ended at four thirty.

New Vocabulary for Dialogue C

ninít'i'   it ended

dóó náá'ałníí'go   and a half.

120

A. You are reminded that <u>hahgo</u>? (when?) asks about future time; and that
<u>hádą́ą́</u>'? (when?) asks about past time.

B. Paradigms:

hadoot'ih	It will begin.
haat'ééh	It's beginning.
háát'i'	It began.
haot'ééh laanaa	I wish it would begin.
ndoot'ih	It will end.
niit'ééh	It's ending.
ninít'i'	It ended.
noot'ééh laanaa	I wish it would end.

Expressions of time

Díkwíídi oolkịịł?	What time is it?
Díkwíídi azlį́į́'?	What time is it?
Ashdla'di azlį́į́'	Five o'clock (it has become five o'clock; it is now five o'clock).
Ashdla'di yę́ędą́ą́'	Five o'clock (sometime in the past).
Ashdla'di dóó ashdla' biláah ooskid	5:05
Ashdla'di dóó hastą́ą́ biláah ooskid	5:06
Ashdla'di dóó neezná biláah ooskid	5:10
Ashdla'di dóó nááʼałníi'go biláah ooskid	5:30
Neeznáadi azlį́į́'	It's ten o'clock
Neeznáadi dóó ashdla' biláah ooskid	10:05
Neeznáadi dóó neezná biláah ooskid	10:10
Neeznáadi dóó nááʼałníi'go	10:30

Ashdla'di adooleeɫjį' neezná dah alzhin yidziih   Ten minutes to five (4:5

Vocabulary for Above

ashdla'di	at five o'clock
adooleeɫjį'	it will become toward
dah alzhin	minute, dot
yidziih	it is left over

---

ashdla'di adooleeɫjį' náhást'éí dah alzhin yidziih   Nine minutes to five (4

ashdla'di adooleeɫjį' ashdla' dah alzhin yidziih   Five minutes to five (4:

ashdla'di adooleeɫjį' naaki dah alzhin yidziih   Two minutes to five (4:5

T'ááɫa'di ahéé'ílkid	One hour
Naakidi ahéé'ílkid	Two hours
Naakidi ahéé'ílkidjį'	For two hours
Naaki dah alzhinjį'	For two minutes

---

ha'íí'ąago	at sunrise
abínígo	in the morning
abíndą́ą́'	in the morning (past time)
aɫné'é'áahgo	at noon
aɫné'é'ááh	it becomes noon
díí jį́	today
jį́į́dą́ą́'	today (past time)
aɫné'é'ááhdóó bik'iji'	afternoon
yaa'adeiz'ąago	in mid-afternoon

122

hiɫíilịį́ị́'go	at dusk
e'e'áahgo	in the evening
i'íí'ą́ągo	at sunset (when the sun has gone down)
tł'éego	at night
díí tł'éé'	tonight
tł'éédą́ą́'	last night
shá bíighah	all day
tł'éé' bíighah	all night

Generalize!

Hahgo hadoot'ih?	When does it begin?
Yiską́ągo hadoot'ih.	It begins tomorrow.
Náhást'éidi hadoot'ih.	It will begin at nine.
Tseebíidi hadoot'ih.	It will begin at eight.
Naakits'áadahdi hadoot'ih.	It will begin at twelve.
Díí jį́ hadoot'ih.	It will begin today.

Hádą́ą́' ninít'i'?	When did it end?
Adą́ą́dą́ą́' ninít'i'.	It ended yesterday.
Naakidi yę́ędą́ą́' ninít'i'.	It ended at two.
Tł'éédą́ą́' ninít'i'.	It ended last night.
Jį́į́dą́ą́' ninít'i'.	It ended today.
Abíndą́ą́' ninít'i'.	It ended this morning.

Hádą́ą́' háát'i'?	When did it begin?
Yaa'adeiz'ą́ą́dą́ą́' háát'i'.	It began this afternoon.
Táa'di yę́ędą́ą́' háát'i'.	It began at three.
Náhást'éidi háát'i'.	It began at nine.
Doo háát'i' da.	It didn't begin.

123

Handling verbs also have positional forms. The stem again defines the shape or quality of the object (animate or inanimate) whose position or location is being indicated. Si'ą́ indicates a round, bulky, hard object in position:

Kodóó ooljéé' nízaad si'ą́.	The moon is (in position) a long way from here.

Háadi shijooł?	Ńléidi si'ą́.
Where's my ball?	It's over there.
Háadi tózis?	Ńléidi si'ą́.
Where's the bottle?	It's over there.
Háadi bááh?	Ńléidi si'ą́.
Where's the bread?	It's over there.

Animate objects take the form sití̧ (in the singular), to indicate lying in position.

Háadi shilį́į́'?	Kǫ́ǫ́ sití̧.
Where's my horse?	It's lying here.
Háadi nimósí?	Kǫ́ǫ́ sití̧.
Where's your cat?	It's lying here.
Háadi lééchąą'í?	Kóó sití̧.
Where's the dog?	It's lying here.
Háadi nimá?	Kóó sití̧.
Where's your mother?	She's lying here.

Instructor	Student
Háadi tózis?	Ńléidi si'ą́.
Háadi nizhé'é?	Ńléidi sití̧.
Háadi béégashii?	Ńléidi sití̧.
Háadi jooł?	Ńléidi si'ą́.
Háadi nimá?	Ńléidi sití̧.
Háadi bááh?	Ńléidi si'ą́.

124

A Brief Narrative

Na'nízhoozhídí shi'dizhchį́ dóó dadi shiyaa hazlį́į́'. Ashdla' shinááhaidą́ą́ anaa' hazlį́į́'. Shizhé'é tónteel wónaanígóó naayá. Hastą́ą́ shinááhaidą́ą́' ííɫta'. Shashbitoodi ííɫta'.

Meaning of Narrative

Na'nízhoozhídí shi'dizhchį́	I was born in Gallup.
Dóó dadi shiyaa hazlį́į́'	And I grew up there (lit. it became under me).
Ashdla' shinááhaidą́ą́'	When I was five (lit. five, my years in the past)
anaa' hazlį́į́'	War broke out (war became)
shizhé'é tónteel wónaanígóó naayá	My father went overseas (and returned) (broad water, the other side, toward)
Hastą́ą́ shinááhaidą́ą́' ííɫta'	When I was six, I went to school.
Shashbitoodi ííɫta'	I went to school at Fort Wingate.

Questions and answers about narrative

Háadish ni'dizhchį́?	Na'nízhoozhídí shi'dizhchį́.
Háadish niyaa hazlį́į́'?	Na'nízhoozhídí shiyaa hazlį́į́'.
Hádą́ą́' anaa' hazlį́į́'?	Ashdla' shinááhaidą́ą́'.
Nizhé'é háágóósh naayá?	Tónteel wónaanígóó naayá.
Hádą́ą́' ííníɫta'?	Hastą́ą́h shinááhaidą́ą́' ííɫta'.
Háadish ííníɫta'?	Shashbitoodi ííɫta'.

Dialogue A

1.	Díkwíidi azlį́į́'go nínádii'nah?	What time do you get up?
2.	Hastą́ą́digo nínádiish'nah łeh. Ádóó tá'ándísgis.	I usually get up at 6 o'clock. And then I wash up.
1.	Ádóósha'?	Then what?
2.	Chidíłitsoí biba' sédá łeh.	Then I wait for the bus.

New Vocabulary for Dialogue A

nínádii'nah	You get up
nínádiish'nah	I get up
tá'ándísgis	I wash up
chidíłitsoí	bus (school bus, "yellow car")
biba' sédá	I wait for it

Dialogue B

1.	Hádą́ą́' ńdini'na'?	When did you get up?
2.	Tseebíidi yę́ędaa' ńdiish'na'.	I got up at eight.
1.	Ádóósha', ha'át'íísh baa nisíníyá?	Then what did you do?
2.	Naanishgóó niséyá.	I went to work.
1.	Ha'át'íísh ákǫ́ǫ́ bee nisíníyá?	How did you go there?
2.	T'áá ni' ákǫ́ǫ́ niséyá.	I went there on foot.

New Vocabulary for Dialogue B

ńdini'na'	you got up
ńdiish'na'	I got up
t'áá ni'	on foot

Verb Paradigms

The first three persons, singular, <u>Repetetive</u> <u>mode</u>, of the verb <u>to</u> <u>get</u> <u>up</u>:

nínádiish'nah	I get up (repetetively)
nínádii'nah	You get up
nínádii'nah	He, she gets up

Perfective

ńdiish'na'	I got up
ńdini'na'	You got up
ńdii'na'	He, she got up

The Repetitive of <u>to</u> <u>wash</u> <u>up</u>

tá'ándísgis	I wash up.
tá'ándígis	You wash up.
tá'ándígis	He, she washes up.

The <u>si-</u> Perfective of <u>to</u> <u>wait</u> <u>for</u>

biba' sedá	I wait for it.
biba' sínídá	You wait for it.
biba' sidá	He, she waits for it.

Variations:

niba' sédá	I wait for you.
shiba' sidá	He waits for me.

The above forms without <u>biba'</u>, <u>niba'</u>, etc. mean <u>I</u> <u>am</u> <u>sitting</u> or <u>I</u> <u>am</u> <u>at</u> <u>home</u>.
e.g.:

sédá	I am sitting, I am at home
sínídá	You are sitting, you are at home.
sidá	He, she is sitting, is at home.

Háádéé' naniná?

    Tó naneesdizídéé' naashá.   I'm from Tuba City, Arizona (tangle

                                              waters)

Háágóósh díníyá?

    Dló'áyázhígóó déyá.   I'm going to Thoreau, N. M. (little

                                              prairie dogs)

    Tséyaa niichii'   Rehoboth, N.M. (beneath red rocks)

    Be'eldíílasinil   Albuquerque, N.M. (metal objects in

                                                place)

    T'iis názbąs   Teesnospos, Ariz. (cottonwoods in a

                                            circle)

    Kiis'áanii   Hopi Villages, Ariz. (houses stick

                                            up)

                         Also refers to other pueblo village.

    (Kiis'áanii bizaad)   (The Hopi language)

The stem -tįįh is used to describe the handling of a slender stiff object such as a cigarette, shovel, broom, etc.

nát'oh shaa nítįįh	Give me a cigarette.
bee nahalzhoohí shaa nítįįh	Give me the broom.
bee ak'e'elchíhí shaa nítįįh	Give me a pencil (pen).
bééhágod shaa nítįįh	Give me a hoe.
tsin shaa nítįįh	Give me a pole.
gish shaa nítįįh	Give me a stick, cane.
bee náhwiidzídí shaa nítįįh	Give me a rake.
honishgish shaa nítįįh	Give me a poker.
Łeezh bee hahalkadí shaa nítįįh	Give me a shovel.
Łóó' bee hahadléhí shaa nítįįh	Give me a fishing pole.
tsitł'éłí shaa nítįįh	Give me a match.
biły adaalkaałí shaa nítįįh	Give me a nail.

Instructor	Student
tsin _____ _____	tsin shaa nítį́įh
béésh _____ _____	béésh shaa ní'aah
bee atsidí (hammer) _____ _____	bee atsidí shaa ní'aah
tsitł'éłí _____ _____	tsitł'éłí shaa nítį́įh.
tł'óół _____ _____	tł'óół shaa nílé.
tó _____ _____	tó shaa níkaah
nát'oh _____ _____	nát'oh shaa nítį́įh
awéé' _____ _____	awéé' shaa níłteeh
bee nahalzhoohí _____ _____	bee nahalzhoohí shaa nítį́įh
atoo' _____ _____	atoo' shaa níkaah
bee ak'e'elchíhí _____ _____	bee ak'e'elchíhí shaa nítį́įh
bááh _____ _____	bááh shaa ní'aah
bééhágod _____ _____	bééhágod shaa nítį́įh
tł'iish _____ _____	tł'iish shaa nílé or tł'iish shaa níłteeh
gish _____ _____	gish shaa nítį́įh
honishgish _____ _____	honishgish shaa nítį́įh
tódiłhił _____ _____	tódiłhił shaa níkaah
biłʼ adaalkaałí _____ _____	biłʼ adaalkaałí shaa nítį́įh
tózis _____ _____	tózis shaa ní'aah
bee náhwiidzídí _____ _____	bee náhwiidzídí shaa nítį́įh
łeezh bee hahalkadí _____ _____	łeezh bee hahalkadí shaa nítį́įh
dibé bitsįʼ _____ _____	dibé bitsįʼ shaa ní'aah
łóóʼ bee hahaldéhí _____ _____	łóóʼ bee hahaldehí shaa nítį́įh

---

Another Positional Verb

Siká is a positional verb used to describe something in a container in position. We will use the question Tó háadi siká? (Where is the water?), and use siká with a variety of primary positions, i.e., behind, above, in, etc.

Another Positional Verb (continued)

Tó háadi siką́?

Bikáá'adání biyaadi siką́.	Under the table.
Bikáá'adání bikáa'di siką́.	On the table.
Bikáá'adání bine'di siką́.	Behind the table.
Bikáá'adání bideijígo siką́.	Above the table. (as on a shelf)
Bikáá'adání bidáańgi siką́.	In front of the table.
Łeets'aa' baghan (dish, it's house) góne' siką́.	Inside the cupboard.

Two Brief Dialogues About Winning and Losing

Dialogue A

1.	Háísh ndaané?	Who's playing?
2.	Na'nízhoozhí dóó t'iisyaakin ndaané.	Gallup and Holbrook are playing.
1.	Háísh dahoniiłná?	Who's going to win?
2.	T'iisyaakin dahoniiłná.	Holbrook will win.
1.	Háísh baa hodínóonééł?	Who will lose the game?
2.	Na'nízhoozhí baa hodínóonééł.	Gallup will lose it.

Dialogue B

1.	Háísh dahoneezná?	Who won?
2.	Na'nízhoozhí dahoneezná.	Gallup won.
1.	Háísh baa dahoneezná?	Who lost?
2.	T'iisyaakin baa dahoneezná.	Holbrook lost.

Expressions of Emotions

shił yá'ánít'ééh	I like you
ayóí ánósh'ní	I love you
jooshłá	I hate him (her)
doo shił hats'íid da	I'm lonely
łe' nisin	I'm jealous
łe' nízin	He (she) is jealous
baa łe' nisin	I'm jealous of him (her)

Negative Imperatives

T'áadoo yáníłti'í!	Don't talk!
T'áadoo nanilnishí!	Don't work!
T'áadoo ííníłta'í!	Don't go to school!
T'áadoo idlání	Don't drink
T'áadoo tí'ídíl'íní!	Don't hurt yourself!

Note that in the above expressions t'áadoo is combined with a second person singular verb to which -í has been suffixed.

Review of Lesson 17 Dialogues with variations

Dialogue A

1. Hahgo nidáá' hadoot'ih?　　　When does (will) the squaw dance begin

2.a. Hóla, ndi haot'ééh laanaa.　　I don't know, but I wish it would begin

　b. Haat'ééh　　It's beginning.

Dialogue B

1. Hádáá' háát'i'?　　When did it begin?

2. Neeznáadi yę́ędą́ą́' háát'i'.　　It began at ten o'clock.

131

Dialogue C

1.	Hahgo hatáál ndoot'ih?	When will the sing end?
2.a.	Hóla, ndi noot'ééh, laanaa.	I don't know, but I wish it would e?
b.	Niit'ééh.	It's ending.
c.	Ninít'i'.	It ended.

A Brief Narrative

Tł'éédáá' yidzaaz dóó k'ad yas t'óó'ahayói hólǫ́. Jį́įdą́ą́' yóó' ahoolzhóód dóó honiigaii. Yiskáago íínishta'go bohónéedzá dooleeł.

Questions and Answers

Hádą́ą́' yidzaaz?	Tł'éédą́ą́' yidzaaz.
K'ad tł'óo'di haash hoot'ééh?	K'ad yas t'óó'ahayói hólǫ́.
Yóó' ahoolzhóódísh?	Aoo', yóó' ahoolzhóódⱼ.
Hádą́ą́'?	Jį́įdą́ą́'.
Honiigaiiísh?	Aoo', honiigaii.
ííníłta'goósh bohónéedzá dooleeł?	Aoo', yiskáago íínishta'go bohónéedz₂
	dooleeł.

Lesson 19

Dialogue A

1. Ha'át'íí biniina ákǫǫ díníyá? Why are you going there?

2. Naaltsoos ła' shóideesht'eeł. I'm going to get some paper.

1. Háadi lá siłtsooz? Where is it?

2.a. Tsásk'eh bikáa'di shį́į́. Probably on the bed.

  b. Bik'idah'asdáhí bikáa'di shį́į́. Probably on the chair.

New Vocabulary

Ha'át'íí biniina?	Why, for what purpose?
Shóideesht'eeł	I shall get it.
lá	it is; it occurred to me. This is a particle sometimes indicating newly discovered facts or surprise. Here it is merely an emphatic.
siłtsooz	A flat or flexible object in position (naaltsoos).
tsásk'eh	bed
bik'idah'asdáhí	chair
shį́į́	probably

Dialogue B

1. shóísíníłt'e'ésh Did you get it?

2. Aoo' shóíséłt'e' Yes I got it.

1. Háadi lá siłtsooz ńt'éé'? Where was it?

2. Ni'góó siłtsooz ńt'éé'. It was on the floor. (on the ground)

133

shóísiníɫt'e'	You got it. (acquired it)
shóíséɫt'e'	I got it.
ni'góó	on the ground, on the floor

Paradigms

The <u>future</u> and <u>perfect</u> of the verb <u>to get it</u>, <u>to acquire it</u> -- first three persons singular:

Future

shóídeesht'eeɫ	I'll get it, I'll acquire it.
shóídíílt'eeɫ	You'll get it.
shóídoolt'eeɫ	He, she will get it.

Perfect

shóíséɫt'e'	I got it; I acquired it.
shóísíníɫt'e'	You got it.
shóyoost'e'	He, she got it.

Expand your knowledge of verbs!

The following exercises are cyclical, beginning with the question:

Ha'át'íísh baa naniná?	What are you doing?

* * * * *

ak'e'eshchí	I'm writing.
éísha'	How about him? (her)

ak'e'eɫchí aɫdó'	He's writing too.
ak'e'íɫchíísh?	Are you writing?

* * * * *

134

naaltsoos áshłééh	I'm writing a letter.
éísha'?	How about her?
naaltsoos íilééh ałdó'	She's writing a letter, too.
naaltsoos ánílééhísh	Are you writing a letter?

* * * * *

ííníshta'	I'm reading.
éísha'?	
ółta'	He's reading.
íínílta'ásh	Are you reading?

* * * * *

íhoosh'aah	I'm studying.
éísha'?	
íhooł'aah ałdó'	He's studying, too.
íhooł'aahásh?	Are you studying?

* * * * *

hanáshyį́į́h	I'm resting.
éísha'?	
hanályį́į́h	He's resting.
háánílyį́į́hísh?	Are you resting?

* * * * *

ashzhish	I'm dancing.
éísha'?	
alzhish	She's dancing.
ílzhishísh	Are you dancing?

* * * * *

naashné	I'm playing.
jooł bee naashné	I'm playing ball.
éísha'?	
naané	He's playing.
naaninéésh?	Are you playing?

135

* * * * *

yishwoł	I'm running (along).
éísha'?	
yilwoł ałdó'	He's running, too.
yílwołísh?	Are you running?

* * * * *

ntéskees	I'm thinking.
éísha'?	
ntsékees	He's thinking.
ntsíníkeesísh?	Are you thinking?

* * * * *

diné biyiin yínísts'ą́ą́'	I'm listening to Navajo songs.
éísha'?	
yiyíísts'ą́ą́'	She's listening to them. (it)
yísíníłsts'ą́ą́'ash?	Are you listening to them?

You can use ńt'ę́ę́' (past tense marker) or dooleeł (future tense marker) with the above expressions to change tense.

Basic Kinship Terms

Girl or woman speaking -

Díí at'ééd (pl. at'ééké) sik'is át'é.* (pl. sik'isóó)	This girl is my sister. (friend)
Díí ashkii (pl. ashiiké) shilah át'é. (pl. shilahkéí)	This boy is my brother.

Boy or man speaking -

Díí at'ééd shilah át'é.	This girl is my sister.
Díí ashkii sik'is át'é.	This boy is my brother.

Man speaking -

Díí at'ééd sitsi' át'é. (pl. sitsi'ké)	This girl is my daughter.

* át'é means he, she, it is. The above sentences can be said with or without át'é.

Basic Kinship Terms (con't.)

Woman speaking -

Díí at'ééd shich'é'é át'é. (pl. shich'é'éké)   This girl is my daughter.

Man speaking -

Díí ashkii shiye' át'é. (pl. shiye'ké)   This boy is my son.

Woman speaking -

Díí ashkii shiyáázh át'é. (pl. shiyááshké)   This boy is my son.

Boy, girl, man or woman speaking -

Díí asdzání shimá át'é.   This woman is my mother.

Díí diné shizhé'é át'é.   This man is my father.

Díí diné shicheii át'é.   This man is my grandfather. (maternal)

Díí asdzání shimásání át'é.   This woman is my grandmother. (materna

---

Díí diné shinálí át'é.   This man is my grandfather. (paternal)

Díí asdzání shinálí át'é.   This woman is my grandmother. (paterna

shinálí also means my grandchild (paternal).

shitsóí (pl. sitsóóké) means my grandchild, also, but refers to a maternal grand-
child.

Other Kinship Terms

shimá yázhí	my maternal aunt
shibízhí	my paternal aunt

---

shidá'í	my maternal uncle
shibízhí	my paternal uncle

Man speaking -

shida'   my nephew (maternal)

Woman speaking -

shiyáázh   my nephew

Other Kinship Terms (con't.)

Man speaking -

sitsi'	my niece

Woman speaking -

shich'é'é	my niece

_____

she'esdzą́		my wife
shihastiin	or	my husband
shich'ooní		my husband _or_ my wife _or_ my close friend (woman to woman, or man to man)

_____

shínaaí	my older brother (note high tone of <u>sh</u>
shitsilí	my younger brother

_____

shádí	my older sister
shideezhí	my younger sister

_____

sha'áłchíní	my children

_____

shizeedí	my cousin (boy or girl, man or woman speaking about female cousin)
shiłnaa'aash	my cousin (male speaking about male cousin)

Dialogue A

1.	Nizhé'é díkwíidigo nínádii'nah?	What time does your father get up?
2.	Ashdla'digo nínádii'nah. Ádóó táʼándígis.	He gets up at five. Then he washes up.
1.	Ádóósha'?	Then what?
2.	Bík'is yiba' sidá łeh.	Then he waits for his friend usually.

Dialogue B

Hádą́ą́' ńdii'na'?	When did he (she) get up?
Dį́į́'digo ńdii'na'.	He got up at four.
Ádóó, ha'át'íísh yaa naayá?	Then what did he do?
Nalyéhé bá hooghangóó naayá.	He went to the trading post.
T'áá ni' naayá.	He went on foot.

Objects in Position (continued)

A flat, flexible object, demands the positional verb siłtsooz to define it in position. Thus a piece of paper in position would be described as follows: naaltsoos kǫ́ǫ́ siłtsooz (the sheet of paper is here) But: naaltsoos kǫ́ǫ́ si'á (the book is here).

Other examples:

Diyogí kǫ́ǫ́ siłtsooz.	The rug is here.
Beeldléí kǫ́ǫ́ siłtsooz.	The blanket is here.
Yaateeł kǫ́ǫ́ siłtsooz.	The bedroll (sleeping bag) is here.

Instructor	Student
Háadi łį́į́'?	Łį́į́' kǫ́ǫ́ sitį́.
Háadi naaltsoos (sheet of paper)?	Naaltsoos kǫ́ǫ́ siłtsooz.
Háadi naaltsoos (book)?	Naaltsoos kǫ́ǫ́ si'á.

Instructor	Student
Háadí tó?	Tó kǫ́ǫ́ siká.
Háadí bááh?	Bááh kǫ́ǫ́ si'á.
Háadí diyogí?	Diyogí kǫ́ǫ́ siłtsooz.
Háadí shimá?	Nimá kǫ́ǫ́ sitį́.
Háadí yaateeł?	Kǫ́ǫ́ siłtsooz.
Háadí shijool?	Kǫ́ǫ́ si'á.
Háadí beeldléí?	Kǫ́ǫ́ siłtsooz.

Some Spatial Concepts

Háadish hastiin yázhí baghan?	Where is Mr. Yazzie's house?
Yówehédi si'á.	It's farther on.
or	
Nówehédi si'á.	It's farther on.

Háadish nicheii baghan?	Where's your grandfather's house?
Wosch'ishídi baghan si'á.	His house is nearer this way.

Háádę́ę́' naaghá?	Where does he come from?
Nówehídę́ę́' naaghá.	He comes from farther on.
Woshch'ishídę́ę́' naaghá.	He comes from closer in.

140

A Brief Narrative

Shizhé'é baghan tsé bee ályaa. Áłts'íísígíí át'é. Shí shaghan ádeeshłííł. Ayóó'ánííłtsoígíí dooleeł. Tsiniheeshjíí' bee ádeeshłííł sha'shin. Hastiin yázhí bá naashnish ńt'éé' ndi k'ad ałtso.

Meaning of Narrative

Shizhé'é baghan tsé bee ályaa.	My grandmother's horse is made out of stone.
Áłts'íísígíí át'é.	It is small.
Shí shaghan ádeeshłííł	I'm going to make my own house. (make a house for myself)
Ayóó'ánííłtsoígíí dooleeł.	It will be large.
Tsiniheeshjíí' bee ádeeshłííł, sha'shin.	I'll make it out of lumber, perhaps.
Hastiin yázhí bá naashnish ńt'éé'.	I was working for Mr. Yazzie.
Ndi k'ad ałtso.	But now it's finished.

Questions

Nizhé'é baghan ha'át'íísh bee ályaa?	Shizhé'é baghan tsé bee ályaa.
Áłts'íísígíísh át'é?	Aoo', áłts'íísígíí át'é.
Naghaní sh ádííłííł?	Aoo' shí shaghan ádeeshłííł.
Ayóó'ánííłtsoígíísh át'é dooleeł?	Aoo', ayóó'ánííłtsoígíí át'é doléél.
Ha'át'íísh bee ádííłííł?	Tsiniheeshjíí' bee ádeeshłííł.
Hastiin yázhí bá nanilnish ńt'ę́ę́' daats'í?	Aoo', bá naashnish ńt'ę́ę́'
(Were you working for Mr. Yazzie)	ndi k'ad ałtso.

141

Lesson 20

Dialogue A

1.	Hastiin ts'ósíísh bééhonísin?	Do you know Mr. Tsoosi (slim man)
2.	Aoo', bééhasin.	Yes, I know him.
1.	Biye' haash wolyé?	What is his son's name?
2.	Hóla. Doo bénáshniih da.	I don't know. I don't remember it.

New Vocabulary for Dialogue A

hastiin ts'ósí	slim man
bééhonísin	You know him, her, it
bééhasin	I know him, her, it
bénashniih	I remember it, him, her

Dialogue B

1.	Ha'át'íísha' níníł'į?	What are you looking at?
2.	Nílch'i na'alkidí nísh'į.	I'm looking at T.V.

New Vocabulary for Dialogue B

níníł'į	You are looking at it
nílch'i na'alkidí	television
nísh'į	I am looking at it

Dialogue C

1.	Ha'át'íísh biniina ch'ééh díníyá nahonílin?	Why do you look tired?
2.	Tł'éédą́ą́' doo nizhónígo iiłháazh da.	I didn't sleep well last night.

New Vocabulary for Dialogue C

ch'ééh díníyá	You are tired
nahonílin	You look like it
iiłháazh	I slept

142

Paradigms

First three persons singular: Neuter of <u>to know him</u>, <u>her</u>; <u>to know how</u>.

bééhasin	I know him; I know how
bééhonísin	You know him; You know how
yééhosin	He knows him; He knows how

Another "knowing" verb

shił bééhózin	I know about it; I know it.
bił bééhózin	He, she knows it.
niłísh bééhózin?	Do you know it?
Doo shił bééhózin da.	I don't know it, about it.
bił bééhodoozįįł	He will know about it.
shił bééhoozin	I know about it.
bił bééhoozįįh	He's getting to know about it.

AND:

Continuous Imperfective of <u>to remember it</u>

bénáshniih	I remember it.
béénílniih	You remember it.
yénálniih	He, she remembers it.

Perfective of <u>to forget about it</u>*

beisénah	I forgot it, about it.
beisíninah	You forgot it, about it.
yaa yooznah	He, she forgot about it.

Imperfect of <u>to look at it</u>, <u>him</u>, <u>her</u>

nísh'į̃	I am looking at it.
nínił'į̃	You are looking at it.
yinił'į̃	He, she is looking at it.

*T'ááḱá baa yóóné́éh! Don't forget it!

143

Neuter of <u>to</u> <u>look</u> <u>like</u> <u>it</u>, <u>to</u> <u>resemble</u> <u>it</u>

nahoníshłin	I look like it.
nahonílin	You look like it.
nahalin	He, she, it looks like it.

Perfective of <u>to</u> <u>go</u> <u>to</u> <u>sleep</u>, <u>to</u> <u>sleep</u>

iiłhaazh	I slept, I went to sleep.
iiniłhaazh	You slept, you went to sleep.
iiłhaazh	He, she slept, he, she went to sle

Expand Your Verb Knowledge!

(Remember that you can use ńt'éé' for forming a past tense imperfec

Ha'át'íísh baa naniná?	What are you doing?
T'óó ásht'į	I am just loafing around.
Éísha'?	What about him, her?
T'óó át'į ałdó'	He is just loafing around, too.
T'óó ánít'į daats'í?	Are you just loafing around?
Dééh yishbéézh	I'm boiling tea.
Éísha'?	What about him, her?
Atoo' yiłbéézh	She's cooking stew.
Łikango halchin	It smells good.
Nisha' ha'át'íísh niłbéézh?	And you, what are you cooking?
Łį́į́' shił naaldloosh	I am riding a horse.
Éísha'?	What about him, her?
Łį́į́' bił naaldloosh ałdó'.	He's riding too.
Łį́į́' niłíísh naaldloosh?	Are you riding horseback?

Dibé nanishkaad	I am herding sheep.
Éísha'?	What about him, her?
Dibé neinilkaad aldó'	He, she is herding sheep, too.
Dibé nanilkaadísh?	Are you herding sheep?
Ashtl'ó	I am weaving.
Éísha'?	What about him, her?
Atl'ó aldó'	He, she is weaving, too.
Ítl'óósh?	Are you weaving?
Naashzheeh	I am hunting.
Éísha'?	What about him, her?
Naalzheeh aldó'	He, she is hunting, too.
Nanilzheehísh?	Are you hunting?
Łóó' hahashłeeh	I am fighting
Éísha'?	What about him, her?
Łóó' hayiileeh aldó'	He, she is fishing, too.
Łóó' hahíleehísh?	Are you fishing?

Review of Lesson 19 Dialogues - with variations

Dialogue A

1. Ha'át'íí biniina ákǫ́ǫ́ deeyá?	Why is he going there?
2. Bilį́į́' shóidoołt'eel.	He is going there to get his horse.
1. Háadi lá naaghá?	Where is it?
2. Bimásání bikéyahdi naaghá shį́į́ nízin.*	It is probably on his grandmother's land, he thinks.

* Nízin has two meanings: He wants and he thinks. Hence, nisin means I want or I think.

145

1. Shóyoost'e' daats'í?   Did he get it?

2. Aoo', shóyoost'e'.   Yes, he got it.

1. Háadi lá naaghá ńt'éé'?   Where was it?

2. Bilah łíí' bił naaldloosh ńt'éé'.   His sister was riding it?

The stem used to describe the handling of a flexible, flat object is

- (ł)tsóós:

naaltsoos shaa nííłtsóós	Give me the paper.
yaateeł shaa nííłtsóós	Give me the bedroll.
beeldléí shaa nííłtsóós	Give me the blanket.

Instructor	Student
naaltsoos (paper)_____ _____	naaltsoos shaa nííłtsóós
naaltsoos (book) _____ _____	naaltsoós shaa ní'aah
nát'oh _____ _____	nát'oh shaa nítįįh
yaateeł _____ _____	yaateeł shaa nííłtsóós
awéé' _____ _____	awéé' shaa nííłteeh
bééhágod _____ _____	bééhágod shaa nítįįh
beeldléí _____ _____	beeldléí shaa nííłtsóós
tł'óół _____ _____	tł'óół shaa nílé
dibé yázhí _____ _____	dibé yázhí shaa nííłteeh
bee nahalzhoohí _____ _____	bee nahalzhoohí shaa nítįįh
tó _____ _____	tó shaa níkaah
bee 'aańdítįhí (key) _____ _____	bee 'aańdítįhí shaa nítįįh.

Useful Utterances

K'ad shaa hoolzhiizh	It is my turn now.
Baa 'áhonisin	I am aware of that.
Baa 'áhonínízinísh?	Are you aware of it.
Yaa 'áhonízinish?	Is he aware of it?
Bíká 'ádíní	Call him, them.
Naałłíne'	I knocked it over.
Tí' ádiishyaa	I hurt myself.
Tí' ádinilyaa daats'í?	Did you hurt yourself?

---

dadootsaał	He is going to die.
daatsaah	He is dying.
daaztsá	He died.

Make questions out of all the above utterances.

A Review of Positional Verbs

Háadi tózis?	Ńléidi si'á.
Háadi 'awéé'?	Kǫ́ǫ́ sitį́.
Háadi tó?	Ńléidi siká.
Háadi naaltsoos (sheet of paper)?	Kǫ́ǫ́ siłtsooz.

The positional verb used to describe a slender, stiff object in position
is sitá:

Honishgish ńléidi sitá	The poker is over there.

And the verb used for describing rope, string, etc. in position is silá:

Tłóół kǫ́ǫ́ silá	The rope is here.

Instructor	Student
Háadí tsin?	Ńléídí sitą́.
Háadí tł'óóɬ?	Ńléídí silá.
Háadí béésh?	Ńléídí si'ą́.
Háadí tł'iish?	Ńléídí silá.
Háadí gish?	Ńléídí sitą́.
Háadí dibé?	Ńléídí sitį́.
Háadí 'atoo'?	Ńléídí siką́.

Emotions

Ná háchį'ísh	Are you angry?
Shá háchį'	I am angry.
Éísha?	What about him, her?
Bá háchį'	He, she is angry.
Shá hoodoochįɬ!	I am going to get angry!
Shá hóóchįįd	I got angry.
T'áadoo ná háchį'í	Don't be angry.
Bąąh níni' daats'í?	Are you worried (about it)?
Bąąh shíni'.*	I am worried.
Yąąh bíni'	He is worried.
T'áadoo bąąh níni'í	Don't worry.

* níni' means your mind; shíni' means my mind etc. Bąąh means alongside of it, on the side of it. Hence, Bąąh shíni' means it is alongside of my mind i.e. I am worried.

Baa yáníнízin daats'í?   Are you ashamed of it? Are you

                                          bashful?

baa yánísin   I am ashamed of it. I am bashful.

yaa yánízin   He is ashamed of it. He is bashful.

                    Leaving off baa:

yánísin   I am ashamed. I am bashful.

T'áadoo yáníнíziní   Don't be ashamed; Don't be bashful.

Lesson 17

Hahgo hadoot'ih?   Táa'di azlį́į'go hadoot'ih.

Hahgo hadoot'ih?   Yiską́ągo hadoot'ih.

Hahgo hadoot'ih?   Tseebíidi hadoot'ih.

Hahgo hadoot'ih?   Ashdla'di hadoot'ih.

Hahgo hadoot'ih?   Naakits'áadahdi hadoot'ih.

Hahgo hadoot'ih?   Díí jį́ hadoot'ih.

Hahgo na'akai hadoot'ih?   Táa'di azlį́į'go hadoot'ih.

Hádą́ą́' háát'i'?   Táa'di yę́ędą́ą́' háát'i'.

Hádą́ą́' háát'i'?   Yaa'adeiz'ą́ądą́ą́' háát'i'.

Hádą́ą́' háát'i'?   Náhást'éidi háát'i'.

Hádą́ą́' háát'i'?   Doo háát'i' da.

Ninít'i' daats'í?   Aoo', ninít'i'.

Ninít'i' daats'í?   Aoo', dį́į'di dóó náá'ałníí'go ninít'

Hádą́ą́' ninít'i'?   Adą́ądą́ą́' ninít'i'.

Hádą́ą́' ninít'i'?   Naakidi yę́ędą́ą́' ninít'i'.

Hádą́ą́' ninít'i'?   Tł'éédą́ą́' ninít'i'.

Hádą́ą́' ninít'i'?   Jį́įdą́ą́' ninít'i'.

Hádą́ą́' ninít'i'?   Abíndą́ą́' ninít'i'.

Hádą́ą́' ninít'i'?   Ałné'é'áahdą́ą́' ninít'i'.

Háadish ni'dizhchį?

Háadish niyaa hazlį́į́'?

Hádą́ą́ anaa' hazlį́į́'?

Nizhé'é háágóósh naayá?

Hádą́ą́' íínílʼta'?

Na'nízhoozhídi shi'dizhchį.

Na'nízhoozhídi shiyaa hazlį́į́'.

Ashlda' shinááhaidą́ą́'.

Tónteel wónaanígóó naayá.

Hastą́ą́h shinááhaidą́ą́' íílʼta'.

Díkwíidi azlį́į́'go nínádii'nah?   Hastą́ą́digo nínádiish'nah łeh.

Áádóóshą'?   Tá'ándisgis dóó chidíłitsoí biba' séd

          łeh.

Hádą́ą́'sh údini'na'?   Tseebíídi yę́ędą́ą́' ńdiish'na'.

Áádóóshą'?   Naanishgóó niséyá.

Ha'át'íísh ákǫ́ǫ́ bee nisíníyá?   T'áá ni' ákǫ́ǫ́ niséyá.

Tó háadi siką́?   Bikáá'adání biyaadi siką́.

Tó háadi siką́?   Bikáá'adání bikáa'di siką́.

Tó háadi siką́?   Bikáá'adání bine'di siką́.

Tó háadi siką́?   Bikáá'adání bideijígo siką́.

Tó háadi siką́?   Bikáá'adání bidáahgi siką́.

Tó háadi siką́?   Leets'aa' baghan góne' siką́.

Háísh ndaané?   Tóta' dóó na'nízhoozhí ndaané.

Háísh dahoniiłná?   Tóta' dahoniiłná.

Háísh baa hodínóonééł;   Na'nízhoozhí baa hodínóonééł.

Háísh dahoneezná?   Na'nízhoozhí dahoneezná.

Háísh baa dahoneezná?   Tóta' baa dahoneezná.

Hahgo nidą́ą́' hadoot'ih?   Hóla, ndi haot'ééh laanaa.

Hahgo nidą́ą́' hadoot'ih?   Haat'ééh.

Hádą́ą́' hą́ą́t'i'?   Neeznáadi yę́ę́dą́ą́' hą́ą́t'i'.

Hahgo hatą́ą́l' ndoot'ih?   Hóla, ndi noot'ééh laanaa.

Hahgo hatą́ą́l' ndoot'ih?   Nit'ééh.

Hahgo hatą́ą́l' ndoot'ih?   Ninít'i'.

Hádą́ą́' yidzaaz?   Tł'éédą́ą́' yidzaaz.

K'ad tł'óo'di haash hoot'ééh?   K'ad yas t'óó'ahayóí hóló.

Yóó' ahoolzhóódísh?   Aoo', yóó' ahoolzhóód.

Hádą́ą́'?   Jį́įdą́ą́'.

Honigaiíísh?   Aoo', honigaii.

íínílta'goósh bohónéedzą́ dooleeł?   Aoo', íínishta'go bohónéedzą́ dooleeł.

153

Ha'át'íí biniina ákǫ́ǫ́ díníyá?   Naaltsoos ła' shóídeesht'eeł.

Háadi lá siłtsooz?   Tsásk'eh bikáa'di shį́į́.

Háadi lá siłtsooz?   Bik'idah'asdáhí bikáa'di shį́į́.

———————

Shóísínílt'e'ésh?   Aoo', shóíséłt'e'.

Háadi lá siłtsooz ńt'éé'?   Ni'góó siłtsooz ńt'éé'.

———————

Nizhé'é díkwíídígo nínádii'nah?   Ashdla'digo nínádii'nah.

Áádóóshą'?   Tá'ándígis.

Áádóóshą'?   Bik'is yiba' sidá łeh.

Hádą́ą́' ńdii'na'?   Dį́į́'digo ńdii'na'.

Ádóó, ha'át'íísh yaa naayá?   Naalyéhé bá hooghangóó naayá. T'áá

                                                  ni' naayá.

———————

Háadi tó?   Tó kǫ́ǫ́ siką́.

Háadi báah?   Báah kǫ́ǫ́ si'ą́.

Háadi diyogí?   Diyogí kǫ́ǫ́ siłtsooz.

Háadi shimá?   Nimá kǫ́ǫ́ sití.

Háadi yaateeł?   Yaateeł kǫ́ǫ́ siłtsooz.

Háadi shijooł?   Kǫ́ǫ́ si'ą́.

Háadi beeldléí?   Kǫ́ǫ́ siłtsooz.

Háadi hastiin yázhí baghan?   Yówehédi si'ą́.

Háadi hastiin nééz baghan?   Woshch'ishídi baghan.

154

Hádę́ę́' naaghá?   Nówehídę́ę́' naaghá.

Hádę́ę́' naaghá?   Woshch'ishídę́ę́' naaghá.

Nizhé'é baghan ha'át'íísh bee ályaa?   Tsé bee ályaa.

Áłts'íísígíísh át'é?   Aoo', áłts'íísígíí át'é.

Naghaních ádíílííł?   Aoo', shí shaghan ádeeshłííł.

Ayóó 'áníłtsoígíísh át'é dooleeł?   Aoo', ayóó'áníłtsoígíí át'é dooleeł.

Ha'át'íísh bee ádíílííł?   Tsiniheeshjíí' bee ádeeshłííł.

Hastiin yázhí bá nanilnish nt'éé'   Aoo', bá naashnish nt'éé' ndi k'ad

    daats'í ?   ałtso.

Hastiin ts'ósíísh bééhoní sin?   Aoo', bééhasin.

Biye' haash wolyé?   Hóla. Doo bénáshniih da.

———————

Ha'át'íísh níníł'{?   Nííłch'i na'alkidí nísh'{.

Ha'át'íísh biniina ch'ééh díníyá   Tł'éédą́ą́' doo nizhónígo iiłhaazh da.

    nahoníilin?

———————

Ha'át'íísh biniina ákǫ́ǫ́ dceyá?   Bilį́į́' shóidoołt'eeł.

Háadi lá naaghá?   Bimásání bikéyahdi naaghá shįį nízin.

———————

Bilį́į́' shóyoost'c' daats'í?   Aoo', shóyoost'e'.

Háadi lá naaghá ńt'éé'?   Bilah bilį́į́' bił naaldloosh ńt'éé'.

Verb Paradigms - Lessons 17 - 20

To begin

Future - hadoot'ih - it will begin

Imperfect - haat'ééh - it is beginning

Perfect - háát'i' - it began

Iterative - hanát'i' - it begins recurrently

Optative - haot'éeh laanaa - I wish it would begin.

To end

Future - ndoot'ih - it will end

Imperfect - niit'ééh - it is ending

Perfect - nin̄ít'i' - it ended

Iterative - ninát'ih - it repeatedly ends

Optative - noot'áah laanaa - I wish it would end

Future - to get up, to arise

Singular	Dual	Distributive plural
1st ńdideesh'nah	ńdidii'nah	ńdadidii'nah
2nd ńdidíí'nah	ńdidooh'nah	ńdadidooh'nah
3rd ńdidoo'nah	ńdidoo'nah	ńdadidoo'nah
3a nízhdidoo'nah	nízhdidoo'nah	nízhdadidoo'nah

Imperfect

Singular	Dual	Distributive plural
1st ńdiish'nééh	ńdii'nééh	ńdadii'nééh
2nd ńdii'nééh	ńdooh'nééh	ńdadooh'nééh
3rd ńdii'nééh	ńdii'nééh	ńdadii'nééh
3a nízhdii'nééh	nízhdii'nééh	nízhdadii'nééh

157

Perfect - to get up, to arise

Singular	Dual	Distributive plural
1st ńdiish'na'	ńdii'na'	ńdadii̜'na'
2nd ńdini'na'	ńdooh'na'	ńda̎dooh·'na'
3rd ńdii'na'	ńdii'na'	ńdadii'na'
3a nízhdii'na'	ńizhdii'na'	nízhdadii'na'

Iterative

Singular	Dual	Distributive plural
1st nínádiish'nah	nínádii'nah	nínádadii'nah
2nd nínádii'nah	nínádooh'nah	nínádadooh'nah
3rd nínádii'nah	nínádii'nah	nínádadii'nah
3a nínázhdii'nah	nínázhdii'nah	nínádazhdii'nah

Future - to wash up, to wash oneself

Singular	Dual	Distributive plural
1st tá'ádideesgis	tá'ádidiigi̜s	tá'ádadidiigis
2nd tá'ádidíígis	tá'ádidoohgis	tá'ádadidoohgis
3rd tá'ádidoogis	tá'ádidoogis	tá'ádadidoogis
3a tá'ádizhdoogis	tá'ádizhdoogis	tá'ádadizhdoogis

Imperfective

Singular	Dual	Distributive plural
1st tá'ádisgis	tá'ádiigis	tá'ádadiigis
2nd tá'ádígis	tá'ádóhgis	tá'ádadohgis
3rd tá'ádígis	tá'ádígis	tá'ádadigis
3a tá'ázhdigis	tá'ázhdigis	tá'ádazhdigis

Perfective - to wash up, to wash oneself (cont.)

Singular	Dual	Distributive plural
1st tá'ádésgiz	tá'ádisiigiz	tá'ádadisiigiz
2nd tá'ádínígiz	tá'ádisoogiz	tá'ádadisoogiz
3rd tá'ádeesgiz	tá'ádeesgiz	tá'ádadeesgiz
3a tá'ázhdeezgiz	tá'ázhdeezgiz	tá'ádazhdeezgiz

Future - to play

Singular	Dual	Distributive plural
1st ndeeshneeł	ndii'neeł	ndadii'neeł
2nd ndiineeł	ndoohneeł	ndadoohneeł
3rd ndooneeł	ndooneeł	ndadooneeł
3a nizhneeł	nizhneeł	ndanizhneeł

Imperfective

Singular	Dual	Distributive plural
1st naashné	neii'né	ndeii'né
2nd naniné	naahné	ndaahné
3rd naané	naané	ndaané
3a njiné	njiné	ndajiné

Perfective

Singular	Dual	Distributive plural
1st niséné'	nisii'né'	ndasii'né'
2nd nisíníné'	nisooné'	ndasooné'
3rd naazné'	naazné'	ndaazné'
3a njizné'	njizné'	ndajizné'

To lose- (a competition or gambling)

Future - baa hodínóonéeł - He, she, it will lose it

Continuative Imperfective - baa honéenéeł - He is losing it.

Perfective - baa honeezná - He lost it

Iterative - baa náhoni'néeh - He loses it repeatedly

Optative - baa honóonééł laanaa - I hope he loses it.

The above forms without <u>baa</u> mean <u>he will win it</u>, <u>he is winning it</u>, et cete

Future - <u>to get it, to acquire it</u>

Singular	Dual-	Distributive plural
1st shóídeesht'eeł	shóídiilt'eeł	shóídadiilt'eeł
2nd shóídííłt'eeł	shóídoołt'eeł	shóídadooht'eoł
3rd shóídoołt'eeł	shóídoołt'eeł	shóídadoołt'eeł
3a shóízhdoołt'eoł	shóízhdoołt'eeł	shoídazhdoolt'eel

Imperfective

Singular	Dual	Distributive plural
1st shóosht'eeh	shóolt'eeh	shóodalt'eeh
2nd shóiniłt'eeh	shóołt'eeh	shóodałt'eeh
3rd shóyoołt'eeh	shóyoołt'eeh	shódaoołt'eeh
3a shójoołt'eeh	shójoołt'eeh	shódajoołt'eeh

Perfective

Singular	Dual	Distributive plural
1st shóíséłt'e'	shóísiilt'e'	shóídasiilt'e'
2nd shóísíníłt'e'	shóísoołt'e'	shóídasoołt'e'
3rd shóyoost'e'	shóyoost'e'	shódaoost'e'
3a shójoost'e'	shójoost'e'	shódajoost'e'

160

Imperfective - to write (on something)

Singular	Dual	Distributive plural
1st ak'e'eshchí	ak'e'iilchí	ak'e'daiilchí
2nd ak'e'íłchí	ak'e'ołchí	ak'e'da'ołchí
3rd ak'e'ołchí	ak'e'ełchí	ak'e'daełchí
3a ak'e'jiłchí	ak'e'jiłchí	ak'e'dajiłchí

Future - to write a letter

Singular	Dual	Distributive plural
1st naaltsoos ádeeshłííł	naaltsoos ádiilnííł	naaltsoos ádadiilnííł
2nd naaltsoos ádíílííł	naaltsoos ádoohííł	naaltsoos ádadoohííł
3rd naaltsoos íidoolííł	naaltsoos íidoolííł	naaltsoos ádeidoolííł
3a naaltsoos ázhdoolííł	naaltsoos ázhdoolííł	naaltsoos adazhdoolííł

Imperfective

Singular	Dual	Distributive plural
1st naaltsoos áshłééh	naaltsoos íilnééh	naaltsoos ádeiilnééh
2nd naaltsoos ánílééh	naaltsoos óhłééh	naaltsoos ádaohłééh
3rd naaltsoos íílééh	naaltsoos íílééh	naaltsoos ádeilééh
3a naaltsoos ájílééh	naaltsoos ájílééh	naaltsoos ádajílééh

Perfective

Singular	Dual	Distributive plural
1st naaltsoos áshłaa	naaltsoos íilyaa	naaltsoos ádeiilyaa
2nd naaltsoos íínilaa	naaltsoos óohłaa	naaltsoos ádaoohłaa
3rd naaltsoos áyiilaa	naaltsoos áyiilaa	naaltsoos ádayiilaa
3a naaltsoos ájíilaa	naaltsoos ájíilaa	naaltsoos ádajíilaa

Future- to read, to go to school

Singular	Dual	Distributive plural
1st íídéeshtah	íídííltah	da'íídííltah
2nd íídííɫtah	íídóoɫtah	da'íídóoɫtah
3rd íídóoɫtah	íídóoɫtah	da'íídóoɫtah
3a íízhdóoɫtah	íízhdóoɫtah	da'íízhdóoɫtah

Imperfective

Singular	Dual	Distributive plural
1st ííníshta'	ííníílta'	da'ííníílta'
2nd íínííɫta'	íínóɫta'	da'íínóɫta'
3rd óɫta'	óɫta'	da'óɫta'
3a ájóɫta'	ájóɫta'	da'ájóɫta'

Perfective

Singular	Dual	Distributive plural
1st ííɫta'	íilta'	da'íilta'
2nd íínííɫta'	óoɫta'	da'óoɫta'
3rd ííɫta'	ííɫta'	da'ííɫta'
3a ajííɫta'	ajííɫta'	da'ajííɫta'

Future - to study, to train

Singular	Dual	Distributive plural
1st íhwiideesh'ą́ą́ɫ	íhwiidííl'ą́ą́ɫ	ídahwiidííl'ą́ą́ɫ
2nd íhwiidííɫ'ą́ą́ɫ	íhwiidooɫ'ą́ą́ɫ	ídahwiidooɫ'ą́ą́ɫ
3rd íhwiidooɫ'ą́ą́ɫ	íhwiidooɫ'ą́ą́ɫ	ídahwiidooɫ'ą́ą́ɫ
3a íhwiizhdooɫ'ą́ą́ɫ	íhwiizhdooɫ'ą́ą́ɫ	ídahwiizhdooɫ'ą́ą́ɫ

162

Imperfective - to study, to train (con't)

singular	dual	distributive plural
1st łhoosh'aah	łhwiil'aah	łdahwiil'aah
2nd łhooł'aah	łhooł'aah	łdahooł'aah
3rd łhooł'aah	łhooł'aah	łdahooł'aah
3a łhoojiłł'aah	łhoojiłł'aah	łdahoojiłł'aah

Perfective

singular	dual	distributive plural
1st łhooł'ą́ą́'	łhwiil'ą́ą́'	łdahwiil'ą́ą́'
2nd łhwiinłł'ą́ą́'	łhooł'ą́ą́'	łdahooł'ą́ą́'
3rd łhooł'ą́ą́'	łhooł'ą́ą́'	łdahooł'ą́ą́'
3a łhoojiłł'ą́ą́'	łhoojiłł'ą́ą́'	łdahojiłł'ą́ą́'

Future- to rest

singular	dual	distributive plural
1st háádeeshyįh	háádiilyįh	háádadiilyįh
2nd háádíílyįh	háádoołyįh	haadadłłyįh
3rd háádoolyįh	háádoolyįh	háádadoolyįh
3a háázhdoolyįh	háázhdoolyįh	háádazhdoolyįh

Imperfective

singular	dual	distributive plural
1st hanáshyįįh	hanéiilyįįh	hanádeiilyįįh
2nd háánílyįįh	hanályįįh	hanádaałyįįh
3rd hanályįįh	hanályįįh	hanádaalyįįh
3a háájílyįįh	haajilyiih	háádajiłyįįh

Perfective - to rest (cont.)

Singular	Dual	Distributive plural
1st hanááshyįį'	hanéiilyįį'	hanádeiilyįį'
2nd háínílyįį'	hanáołyįį'	hanádaoołyįį'
3rd hanáályįį'	hanáályįį'	hanádáályįį'
3a háájoolyįį'	háájoolyįį'	háádajoolyįį'

Future - to dance

Singular	Dual	Distributive plural
1st adeeshzhish	adiilzhish	adadiilzhish
2nd adíílzhish	adoołzhish	adadoołzhish
3rd adoolzhish	adoolzhish	adadoolzhish
3a azhdoolzhish	azhdoolzhish	adazhdoolzhish

Imperfective

Singular	Dual	Distributive plural
1st ashzhish	iilzhish	da'iilzhish
2nd ílzhish	ołzhish	da'ołzhish
3rd alzhish	alzhish	da'alzhish
3a ajilzhish	ajilzhish	da'ajilzhish

Perfective

Singular	Dual	Distributive plural
1st eeshzhiizh	iilzhiizh	da'iilzhiizh
2nd íínílzhiizh	oołzhiizh	da'oołzhiizh
3rd oolzhiizh	oolzhiizh	da'oolzhiizh
3a ajoolzhiizh	ajoolzhiizh	da'ajoolzhiizh

Progressive - to run along

Singular	Dual	Distributive plural
1st yishwoł	ahiniiłchééł	yiłjah
2nd yíłwoł	ahinoołchééł	wohjah
3rd yilwol	ahinoolchééł	yijah
3a joolwoł	ahizhnoolchééł	joojah

Future - to think about it

Singular	Dual	Distributive plural
1st baa ntsídeeskos	baa ntsídiikos	baa ntsídadiikos
2nd baa ntsídííkos	baa ntsídoohkos	baa ntsídadoohkos
3rd baa ntsídookos	baa ntsídookos	baa ntsídadookos
3a baa ntsízhdookos	baa ntsízhdookos	baa ntsídazhdookos

Imperfective

Singular	Dual	Distributive plural
1st baa ntséskees	baa ntsíikees	baa ntsídeiikees
2nd baa ntsíníkees	baa ntsóhkees	baa ntsídasoohkees
3rd baa ntsékees	baa ntsékees	baa ntsídaakees
3a baa ntsídzíkees	baa ntsídzíkees	baa ntsídadzikees

Perfective

Singular	Dual	Distributive plural
1st baa ntsísékééz	baa ntsísiikééz	baa ntsídasiikééz
2nd baa ntsísíníkééz	baa ntsísookééz	baa ntsídasookééz
3rd baa ntsízkééz	baa ntsízkééz	baa ntsídasikééz
3a baa ntsídzíkééz	baa ntsídzízkééz	baa ntsídadzizkééz

Future - to listen to it

Singular	Dual	Distributive plural
1st yídéests'į́įł	yídíilts'į́įł	deídíilts'į́įł
2nd yídíiłts'į́įł	yídóołts'į́įł	deídoołts'į́įł
3rd yíídóołts'į́įł	yíídóołts'į́įł	deíídóołts'į́įł
3a yízhdóołts'į́įł	yízhdóołts'į́įl	deízhdóołts'į́įł

Imperfective

Singular	Dual	Distributive plural
1st yíníts'ą́ą́'	yísíilts'ą́ą́'	deísíilts'ą́ą́'
2nd yíníłts'ą́ą́'	yísóołts'ą́ą́'	deísóołts'ą́ą́'
3rd yiyíísts'ą́ą́'	yiyíísts'ą́ą́'	deiyíísts'ą́ą́'
3a jíísts'ą́ą́'	jíísts'ą́ą́'	dejíísts'ą́ą́'

Future - to make it

Singular	Dual	Distributive plural
1st ádeeshłį́įł	ádiilnį́įł	ádadiilnį́įł
2nd ádíilííł	ádoohłį́íł	adadoohłį́íł
3rd íídoolį́íł	íídoolį́íł	ádeidoolį́íł
3a ázhdoolį́íł	ázhdoolį́íł	ádazhdoolį́íł

Imperfective

Singular	Dual	Distributive plural
1st áshłééh	íilnééh	ádeiilnééh
2nd áníłééh	óhłééh	ádaohłééh
3rd íílééh	íílééh	ádeilééh
3a ájílééh	ájílééh	ádajilééh

Perfective - to make it (cont.)

Singular	Dual	Distributive plural
1st áshɫaa	íilyaa	ádeiilyaa
2nd íinilaa	óohɫaa	ádaoohɫaa
3rd áyiilaa	áyiilaa	ádayiilaa
3ɔ ájiilaa	ájiilaa	ádajiilaa

Future - to know him, to know how

Singular	Dual	Distributive plural
1st bééhodeessįįɫ	bééhodiilzįįɫ	béédahodiilzįįɫ
2nd bééhodíísįįɫ	bééhodoohsįįɫ	béédahodoohsįįɫ
3rd yééhodoosįįɫ	yééhodoosįįɫ	yéédahodoosįįɫ
3a bééhozhdoosįįɫ	bééhozhdoosįįɫ	béédahozhdoosįįɫ

Imperfective

Singular	Dual	Distributive pkural
1st bééhonisin	bééhoniilzin	béédahoniilzin
2nd bééhonisin	bééhonohsin	béédahonohsin
3rd yééhósin	yééhósin	yéédahósin
3a bééhodzísin	bééhodzísin	béédahodzísin

Perfective

Singular	Dual	Distributive plural
1st bééhosésįid	bééhosiilzįid	béédahosiilzįid
2nd bééhosínísįid	bééhosoosįid	béédahosoosįid
3rd yééhoossįid	yééhoossįid	yéédahoossįid
3a bééhodzoossįid	bééhodzoossįid	béédahodzoossįid

167

Future - to remember it

Singular	Dual	Distributive plural
1st béédeeshnih	béédiilniih	béédadiilnih
2nd béédíílnih	béédoolnih	béédadoolnih
3rd yéédoolnih	yéédoolnih	yéédadoolnih
3a béézhdoolnih	béézhdoolnih	béédazhdoolnih

Imperfective

Singular	Dual	Distributive plural
1st bénáshniih	béníílniih	béédeiilniih
2nd bééníílniih	bénáłniih	béédaałniih
3rd yénálniih	yénálniih	yéédaalniih
3a bééjílniih	bééjílniih	béédajilniih

Perfective

Singular	Dual	Distributive plural
1st bénááshnii'	bénéiilnii'	béédeiilnii'
2nd bééníílnii'	bénááłnii'	béédaałnii'
3rd yénáálnii'	yénáéłnii'	yéédaalnii'
3a bééjoolnii'	bééjoolnii'	béédajoolnii'

Perfective - to forget it

Singular	Dual	Distributive plural
1st beisénah	beisii'nah	baa deisii'nah
2nd beisínínah	beisoonah	baa dasoonah
3rd yaa yooznah	yaa yooznah	yaa dayooznah
3a baa jiyooznah	baa jiyooznah	baa jiyooznah

Future - to look at it, or him

Singular	Dual	Distributive plural
1st díneesh'į̀į̀ɣ	dínííɣ'į̀į̀ɣ	dadíníil'į̀į̀ɣ
2nd dínííɣ'į̀į̀ɣ	dínóoɣ'į̀į̀ɣ	dadínóoɣ'į̀į̀ɣ
3rd yidínóoɣ'į̀į̀ɣ	yidínóoɣ'į̀į̀ɣ	deidínóoɣ'į̀į̀ɣ
3a jidínóoɣ'į̀į̀ɣ	jidínóoɣ'į̀į̀ɣ	dazhdínóoɣ'į̀į̀ɣ

Imperfective

Singular	Dual	Distributive plural
1st nísh'į̫	nííl'į̫	daníil'į̫
2nd nínłí̱'į̫	nóɣ'į̫	danóɣ'į̫
3rd yinłɣ'į̫	yinłɣ'į̫	deinłɣ'į̫
3a jinłí̱'į̫	jinłí̱'į̫	dazhnłí̱'į̫

Perfective

Singular	Dual	Distributive plural
1st nééɣ'į̫į̫'	níil'į̫į̫'	daníil'į̫į̫'
2nd nínłí̱'į̫į̫'	nóoɣ'į̫į̫'	danóoɣ'į̫į̫'
3rd yinééɣ'į̫į̫'	yinééɣ'į̫į̫'	deinééɣ'į̫į̫'
3a jinééɣ'į̫į̫'	jinééɣ'į̫į̫'	dazhnééɣ'į̫į̫'

Imperfective - to look like, to appear

Singular	Dual	Distributive plural
1st nahonishłʼín	nahoniidlin	ndahoniidlin
2nd nahonílin	nahonohłʼin	ndahonohłʼin
3rd nahalin	nahalin	ndahalin
3a nahojílin	nahojílin	ndahojílin

169

Imperfective - to herd it, them about

Singular	Dual	Distributive plural
1st nanishkaad	naniilkaad	ndaniilkaad
2nd nanílkaad	nanoołkaad	ndanoołkaad
3rd neinilkaad	neinilkaad	ndeinilkaad
3a nazhnilkaad	nazhnilkaad	ndazhnilkaad

Future - to weave

Singular	Dual	Distributive plural
1st adeeshtł'óół	adiitł'óół	da'adiitł'óół
2nd adíítł'óół	adoohtł'óół	da'adoohtł'óół
3rd adootł'óół	adootł'óół	da'adootł'óół
3a azhdootł'óół	azhdootł'óół	da'azhdootł'óół

Imperfective

Singular	Dual	Distributive plural
1st ashtł'ó	iitł'ó	da'iitł'ó
2nd ítł'ó	ohtł'ó	da'ohtł'ó
3rd atł'ó	atł'ó	da'atł'ó
3a ajitł'ó	ajitł'ó	da'ajitł'ó

Perfective

Singular	Dual	Distributive plural
1st asétł'ǫ́	asiitł'ǫ́	da'asiitł'ǫ́
2nd asínítł'ǫ́	asootł'ǫ́	da'asootł'ǫ́
3rd aztł'ǫ́	aztł'ǫ́	da'aztł'ǫ́
3a ajiztł'ǫ́	ajiztł'ǫ́	da'ajiztł'ǫ́

Imperfective - to be hanging around; loafing around

Singular	Dual	Distributive plural
1st t'óó ásht'į́	t'óó íit'į́	t'óó ádeiit'į́
2nd t'óó ánít'į́	t'óó óht'į́	t'óó ádaoht'į́
3rd t'óó át'į́	t'óó át'į́	t'óó ádaat'į́
3a t'óó ájít'į́	t'óó ájít'į́	t'óó ádajit'į́

Future - to cook it; to boil it

Singular	Dual	Distributive plural
1st deeshbish	diilbish	dadiilbish
2nd díílbish	doołbish	dadoołbish
3rd yidoołbish	yidoołbish	yidadoołbish
3a jidoołbish	jidoołbish	jidadoołbish

Imperfective

Singular	Dual	Distributive plural
1st yishbéézh	yiilbéézh	deiilbéézh
2nd niłbéézh	yołbéézh	dayołbéézh
3rd yiłbéézh	yiłbéézh	deiłbéézh
3a jiłbéézh	jiłbéézh	dajiłbéézh

Perfective

Singular	Dual	Distributive plural
1st shéłbéézh	shiilbéézh	dashiilbéézh
2nd shíníłbéézh	shoołbéézh	dashoołbéézh
3rd yishbéézh	yishbéézh	daiishbéézh
3a jishbéézh	jishbéézh	dajishbéézh

171

Future - to hunt, to go hunting game

Singular	Dual	Distributive plural
1st ndeeshzhah	ndiilzhah	ndadiilzhah
2nd ndíílzhah	ndoolʼzhah	ndadoolʼzhah
3rd ndoolzhah	ndoolzhah	ndadoolzhah
3a nizhdoolzhah	nizhdoolzhah	ndazhdoolzhah

Imperfective

Singular	Dual	Distributive plural
1st naashzheeh	neiilzheeh	ndeiilzheeh
2nd nanilzheeh	naalʼzheeh	ndaalʼzheeh
3rd naalzheeh	naalzheeh	ndaalzheeh
3a njilzheeh	njilzheeh	ndajilzheeh

Perfective

Singular	Dual	Distributive plural
1st nishéshzhee'	nishiilzhee'	ndashiilzhee'
2nd nílzhee'	nishoolʼzhee'	ndashoolʼzhee'
3rd naashzhee'	naashzhee'	ndaashzhee'
3a njishzhee'	njishzhee'	ndajishzhee'

Future - to catch fish; to go hunting

Singular	Dual	Distributive plural
1st łóó' hahideeshłʼoh	łóó' hahidiidloh	łóó' hadahiidloh
2nd łóó' hahidííloh	łóó' hahidoohłʼoh	łóó' hadahidoohłʼoh
3rd łóó' haidiyooloh	łóó' haidiyoołʼoh	łóó' hadaidiyooloh
3a łóó' hazhdiyooloh	łóó' hazhdiyooloh	łóó' hadazhdiyooloh

172

Singular	Dual	Distributive plural
1st Łóó' hahashɬeeh	Łóó' hahiidleeh	Łóó' hadahiidleeh
2nd Łóó' hahíleeh	Łóó' hahidoohɬeeh	Łóó' hadahidoohɬeeh
3rd Łóó' hayiileeh	Łóó' hayiileeh	Łóó' hadayiileeh
3a Łóó' hajiileeh	Łóó' hajiileeh	Łóó' hadajiileeh

Perfective

Singular	Dual	Distributive plural
1st Łóó' hahálo'	Łóó' hahaadlo'	Łóó' hadahaadlo'
2nd Łóó' hahínílo'	Łóó' hahoolo'	Łóó' hadahoolo'
3rd Łóó' hayiizlo'	Łóó' hayiizlo'	Łóó' hadayiizlo'
3a Łóó' hajiizlo'	Łóó' hajiizlo'	Łóó' hadajiizlo'

Dialogue A

1.	Hádą́ą́' yíníyá?	When did you arrive?
2.	Táa'di yę́ędą́ą́' níyá.	I arrived at three.
1.	Nitsi'sha'?	How about your daughter?
2.	Doo níyáa da. Yiską́ągo doógá ł.	She didn't come. She'll arrive tomorrow.

Dialogue B

1.	Hahgo díínáář?	When will you arrive?
2.	Kódóó naaki damóogo deesháář.	I'll arrive two weeks from now.
1.	Nimásání sha'?	How about your grandmother?
2.	T'áá'íídą́ą́' ákǫǫ níyá.	She already arrived there.

New Vocabulary for Dialogue A

yíníyá	you arrived, went
níyá	I arrived, went
doogáář	She, he will arrive

New Vocabulary for Dialogue B

díínáář	You will arrive
deesháář	I shall arrive
t'áá'íídą́ą́'	already

Paradigms

The perfective of to come, to arrive, to go;

níyá	I came, I went
yíníyá	You came, you went
níyá	He, she came, he, she went

The future of to come, to arrive, to go;

deesháář	I shall arrive, go
díínáář.	You will arrive, go
doogáář	He, she will arrive, go

The following material is designed to give you practice in saying "let's"
(in addressing one other person and more than one, in that order) with some
verbs you are familiar with; "let's write", for example, is formed with haa'ísha'
and the future tense form of to write in the dual plural and distributive plural.

1. Ha'át'íísh baa ndiit'ash? What shall we do? (speaking to one
other)

2. Ha'át'íísh baa ndiikah? What shall we do? (speaking to more
than one)

1. Haa'ísha' ak'ediilchííł. Let's write. (speaking to one)

2. Haa'ísha' ak'edadiilchííł. Let's write. (speaking to more than
one)

1. Haa'ísha' naaltsoos ádiilnííł. Let's write a letter. (etc.)

2. Haa'ísha' naaltsoos ádadiilnííł. Let's write a letter. (etc.)

1. Haa'ísha' íídíiltah. Let's read. Let's go to school.
(etc.)

2. Haa'ísha' da'íídíiltah. Let's read. Let's go to school. (etc.)

1. Haa'ísha' háádiilyíh. Let's rest. (etc.)

2. Haa'ísha' háádadiilyíh. Let's rest. (etc.)

1. Haa'ísha' adiilzhish. Let's dance. (etc.)

2. Haa'ísha' adadiilzhish. Let's dance. (etc.)

1. Haa'ísha' neii'né. Let's play. (etc.)

2. Haa'ísha' ndeii'né. Let's play. (etc.)

1. Haa'ísha' ahidi'níílchééł. Let's run (along). (etc.)

2. Haa'ísha' didiiljah. Let's run (along). (etc.)

1. Haa'ísha' ntsídiikos. Let's think. (etc.)

2. Haa'ísha' ntsídadiikos. Let's think. (etc.)

1. Haa'ísha' yídíilts'ííł. Let's listen to it. (etc.)

2. Haa'ísha' dadíídíilts'ííł. Let's listen to it. (etc.)

Review of Lesson 20 Dialogue - with variation

1. Hastiin Nééz ísh yééhósin?   Does he know Mr. Tall Man?

2. Doo yééhósin da.   He doesn't know him.

1. Biye' béénílniihísh?   Do you remember his son?

2. Aoo', bénáshniih.   Yes, I remember him.

Dialogue B

1. Ha'át'íísha' yiníł'į́'į̌?   What is she looking at?

2. Doo yiníł'íní da.   She is not looking at anything.

Dialogue C

1. Ha'át'íísh biniina ch'ééh deeyá nahalin?   Why does he look tired?

2. Doo nizhónígo iiłhaazh da.   He didn't sleep well.

Expand Your Verb Knowledge!

Ha'át'íísh baa naniná?

Náháshgod   I am hoeing.

Éí shą'?   What about him, her?

Náhágod ałdó'   He's hoeing too.

Náhágodísh?   Are you hoeing?

_____

Éé'yiisgis*   I am washing clothes.

Éí shą'?   What about him, her?

Éé' yiyiigis ałdó'.   She is washing clothes, too.

Éé' yiigisísh?   Are you washing clothes?

_____

* used for washing permeable items such as clothes, wool, cotton, etc.

176

Łeets'aa' tánásgis**   I am washing dishes.

Éísha'?   What about him, her?

Łeets'aa' tánéígis ałdó'.   He is washing dishes, too.

Łeets'aa' táánígisísh?   Are you washing dishes?

Ch'íníshááh   I am going out (outside)

Éísha'?   What about him, her?

Ch'éghááh ałdó'.   She is going out, too.

Ch'ínínááhásh?   Are you going outside?

Yah 'iisháah   I am going inside

Éísha'?   What about him, her?

Yah 'iigháah ałdó'.   He is going inside, too.

Yah aninááhásh?   Are you going inside?

<u>Some Important Participles</u> (underlined in Navajo and English)

Łą'ídi yiiłtsą́.   I saw it.) (him, her) a <u>lot of times</u>
          (many times)

Łah (or Łahdi) tóta'góó niséyá. I went to Farmington <u>once</u>.

Łą'í dibé áadi dahóló ńt'éé. There were <u>many</u> sheep there.

Łahgóó tó doo hólǫ́ da.   In <u>some</u> places there is no water.

Łáháda yish'į́.   I <u>seldom</u> (<u>rarely</u>) see him (her).

Łahjį' nisin   I want <u>part</u> (of it).

** used for washing impermeable items such as dishes, glass, walls, etc.

177

The stem used for handling verbs involving plural seperable objects is _-jááh_
in the imperfective. Such things as coins, nails, bracelets, etc. Take this
stem:

> tsitł'éłí shaa níjááh   Give me the matches.
>
> béeso shaa níjááh   Give me the money (coins or bills)

Instructor	Student
mósí yázhí (kittens) _____ _____	mósí yázhí shaa níjááh
tsitł'éłí (a match) _____ _____	tsitł'éłí shaa nítįįh
tsitł'éłí (matches) _____ _____	tsitł'éłí shaa níjááh
tózis (a bottle) _____ _____	tózis shaa ní'aah
tózis (bottles) _____ _____	tózis shaa níjááh
bił adaalkaałí (nails) _____ _____	bił adaalkaałí shaa níjááh

More Weather

ii'ni'	thunder
adi'ní	it is thundering
atsiniltł'ish	lightning
nt'ilch'il	there is lightning

Lesson 22

A Narrative

Part I

Díízhíní dziłbighą́ą́'góó déyá. Shicheii áadi baghan. Áadi dziłbighą́ą́'di éiyá be'ak'id t'óó'ahayói dahóló d66 łóó' hahideeshłoh shíį́.

Meaning of Part I

Díízhíní dziłbighą́ą́'góó déyá.	This summer I am going to the top of the mountain.
Shicheii áadi baghan.	My grandfather has a home there.
Áadi dziłbighą́ą́'di . . .	There, on the mountain top . . .
éiyá	(This is a filler word, something like the English "uh" or "umm".)
be'ak'id (or be'ek'id) t'óó'ahayói dahóló	there are a lot of lakes.
. . . d66 łóó' hahideeshłoh shíį́	and I'll probably go fishing.

Questions about Part I

Hágóósh díníyá?	Dziłbighą́ą́'góó déyá.
Hahgoshą'? (ákǫ́ǫ́ díníyá?)	Díízhíní ákǫ́ǫ́ déyá.
Háísh áadi baghan?	Shicheii áadi baghan.
Ha'át íísh baa naniná dooleeł áadi?	łóó' hahideeshłoh shíį́.
Háadi łóó' hahidííloh?*	Be'ak'id biyii'.** Áadi be'ak'id t'óó'ahayói dahóló.

Part II

Shibee'eldǫǫh hóló. Adishdon bééhasin. Ndeeshzhah. Tsé bąah hadeesh'nah. D66 shicheii bíká iishyeed. Bidibé bá nanishkaad doo.

Meaning of Part II

shibee'eldǫǫh hóló.	I have a gun.
adishdon bééhasin	I know how to shoot
ndeeshzhah.	I'll go hunting
Tsé bąah hadeesh'nah-ałdó'.	I'll climb rocks, too.

* Where will you fish?

** In the lake, lakes.

Meaning of Part II (continued)

Dóó shicheii bíká iishyeed.	And I'll help my grandfather.
Bidibé bá nanishkaad doo.	I'll herd his sheep for him.

Questions for Part II

Nibee'eldǫǫhísh hólǫ́?	Aoo', shibee'eldǫǫh hólǫ́.
Adíłdoní sh bééhonísin?	Aoo', adishdon bééhasin.
Ndíílzhahísh?	Aoo', ndeeshzhah.
Nicheii bíká anilyeedísh?	Aoo', bíká iishyeed.
Haashyit'éego bíká anilyeed?	Bidibé bá nanishkaad doo.

Review of Lesson 21 Dialogues - with variations

Dialogue A

1.	Hádą́ą́' níyá?	When did he arrive?
2.	Tł'éé'dą́ą́' níyá.	He arrived last night.
1.	Nishą'?	How about you?
2.	Naakiskáńdą́ą́' níyá.	I arrived two days ago.

Dialogue B

1.	Hahgo doogáał?	When will he arrive?
2.	Doo doogáał da.	He is not coming.
1.	Biye'shą'?	How about his son?
2.	Yiskáągo yaa'adeiz'áago doogáał.	He will arrive tomorrow afternoon.

Expand Your Verb Knowledge!

Ha'át'íísh baa naniná?

Na'ashkǫ́ǫ́'	I am swimming
Éísha'?	How about him, her.
Na'ałkǫ́ǫ́' ałdó'	He is swimming, too.
Na'íłkǫ́ǫ́'sh?	Are you swimming?
Táchééh sétí	I am taking a sweatbath
Éísha'?	What about him, her?

Expand Your Verb Knowledge! (Continued)

Táchééh sití aʴdó'	He is taking a sweatbath, too.
Táchééh sínitį́į́sh	Are you taking a sweatbath?
Hashtaaʴ	I am singing
Éísha'?	What about him, her.
Hataaʴ aʴdó'	He is singing, too.
Hótaaʴísh	Are you singing?
Hasht'edísh'nééh	I am getting ready.
Éísha'?	What about him, her?
Hasht'edílnééh	He's getting ready, too.
Hasht'edílnééhísh?	Are you getting ready?
Chidí yisbạs	I am driving the car.
Éísha'?	What about him, her?
Chidí yooʴbạs aʴdó'	She's driving the car, too.
Yíʴbạsísh?	Are you driving it?

Useful Expressions with Participles

át'áhígo déyá.	In a little while I'll go.
t'óó náhodi'naahgo nínáʴshnish	Every once in a while I work
t'áá shiidą́ą́'dii áadi naashnish.	I've been working there for a long time
t'áá aʴtsóní kwe'é.	Everything is here.
t'áá 'aʴtsogo dibé naakai.	Sheep are everywhere.
ńléidi náánáʴa' dibé.	Over there are other sheep.
sǫ'tsoh hool'áágóó áadi si'ą́ ńt'ę́ę́'.	The evening star has been here forever
áʴtsé ákǫ́ǫ́ déyá áádóó índa chidí nahideeshnih	First I'm going there and then I'll buy a car.

181

1.   -yeeh   refers to the handling of a load.

           hééł shaa níyeeh   Give me the pack.

2.   -(ł)jiid   refers to handling a load by back.

           héél shaa níłjiid   Give me the pack (to carry on my ba

3.   -(ł)jooł   refers to handling material such as hay, straw, wool, etc.

           aghaa' shaa níłjooł   Give me the wool.

4.   -tłeeh   refers to the handling of mud or cement (liquid) or plaster.

           hashtł'ish tsé nádleehí shaa nítłeeh   Give me the cement.

5.   -níłł   refers to the handling of animate or inanimate plural objects.

           díí' naaltsoos shaa nínííł.   Give me four books.

Cultural Note--Clans

The names of Navajo clans are interesting and poetic. A Navajo is born for his
or her father's clan and into his or her mother's clan. The following clan names
are taken from A Vocabulary of Colloquial Navajo, by Robert W Young and William
Morgan. The authors state:

"The original Navajo clans are said to be the tó 'áhání, the hashtł'ishnii
the tó dích'íi'nii, and the kin yaa'áanii. These, with a few other principal
clans, form the basis of the Navajo clan system, the subsidiary clans being more
or less closely related to one or the other principal clans. The chief clans
with their subsidiaries are exogamous, although such eminent authorities as
Albert Sandoval and Scott Preston are not entirely in agreement regarding the
question of inter-clan relationship. Translations of clan names are somewhat
arbitrary in many instances, since the meaning of some terms is obscure, and
many of the Navajo explanations are in the realm of folk-etimologies."

         'áshįįhí   the salt people

         bįįh dine'é   the deer people

         dichin dine'é   the hunger people

         dibé łizhiní   the black sheep people

dzaanééz łání	the many burros people
dziłtł'ahnii	the mountain recess people
dził ná'oodiłnii	the turning mountain people
hashtł'ishnii	the mud people
hooghan łání	the many hogans people
'iich'ah dinééé	the people that have fits
jaa' yaalóolii	the sticking-up-ears people
k'aahanáanii	the living arrow people
kin łichíi'nii	the red house people
kin łitsonii	the yellow house people
kin yaa'áanii (kiyaa'áanii)	the towering house people
lók'aa' dine'é	the reed people
mą'ii deeshgiizhnii	the coyote pass people; the Jemez clan
naaneesht'ézhí táchii'nii	the charcoal streaked division of the tachii'nii clan
naakaai dine'é	the mexican clan
naashashí	the bear enemies', the Tewa clan
naashgalí dine'é	the Mescalero Apache clan
naasht'ézhí dine'é	the Zuni clan
naayízí dine'é	the squash people
nát'oh dine'é	the tobacco people
nóóda'í dine'é táchii'nii	the Ute people division of the táchii'nii clan
séí bee hooghanii	the sand-hogan people
tábąąhá	the water's edge people
táchii'nii	the red running into the water people
ta'neeszahnii	the tangle people
tó 'áhání	the near to water people
tó 'aheedlíinii	the water-flows-together people

tó 'ázólí	the light water people
tó baazhní'ázhí	the two-came-to-water people
tó dích'íi'nii	the bitter water pecple
tótsohnii	the big water people
tł'ááshchí'í	the red bottom people
tł'ízí łání	the many goats people
tł'ógí	the hairy ones(?) the weavers(?) the Zia
ts'ah yisk'idnii	the sage brush hill people
tsé deeshgizhnii	the rock gap people
yé'ii dine'é	the monster people
yoo'ó dine'é	the bead people

To ask about the mother's clan (one is born into his mother's clan) one says:

Haash dóone'é nílį́?	What is your clan (mother's side)?
Áshįįhí nishłį́	I am in the salt people clan.

To ask about father's clan (one is born for his father's clan) one says:

Ha'át'íísh bá shínízchíín?	What is your clan (father's side)?
Hashtł'ishnii bá shíshchíín.	I am in the mud people clan on my father's side.

Lesson 23

<u>Narrative A</u>

Dąągo 'áłchíní da'ółta'. Ndi shį́įgo doo da'ółta' da. Shį́įgo kintahdi ayóo deesdoi ,łeh. Ndi dziłbigháa'di honeezk'ází yee'. Abínígo áadi łįį' nihił naaldlosh ,łeh dóó yaa'adeiz'ą́ago náda'iilkǫ́ǫh ,łeh áádóó hiłįįjį́į'go ndeii'né ,łeh.*

<u>Meaning of Narrative A</u>

Dąągo 'áłchíní da'ółta.	In the spring, children go to school.
Ndi shį́įgo doo da'ółta' da.	But during the summer they don't go to school.
Shį́įgo kintahdi ayóo deesdoi ,łeh.	In town it's usually very hot in the summer.
Ndi dziłbigháa'di honeezk'ází yee'.	But on the mountains it's really cool.
Abínígo áadi ,łįį' nihił naaldloosh ,łeh.	In the morning we usually ride horses there.
Doo yaa'adeiz'ą́ago náda'iilkóóh ,łeh.	And then in the afternoon we usually swim.
Hiłįįjį́į'go ndeii'né ,łeh.	Then in the evening we play (usually).

<u>Questions about Narrative A</u>

Háísh da'ółta'?	Áłchíní da'ółta'.
Hahgo da'ółta'?	Dąągo da'ółta'.
Hahgo doo da'ółta' da?	Shį́įgo doo da'ółta'da.
Shį́įgo háadi deesdoi ,łeh?	Kintahdi deesdoi ,łeh shį́įgo.
Dziłbigháa'di haash hoot'ééh?	Dziłbigháa'di honeezk'ází yee'.
Łįį' nihiłłíísh naaldloosh?	Aoo', łįį' nihił naaldloosh.
Yaa'adeiz'ą́ago ha'át'íísh baa naahkai ,łeh? **	Yaa'adeiz'ą́ago náda'iilkóóh ,łeh.

* The use of ,łeh is quite prevalent in Navajo discourse.
** What do you (more than two) usually do in the afternoon?

185

Hıłíıjį́į́'goshą'?   Hıłíıjį́į́'go ndeii'né łeh.

Narrative B

Dá'ák'ehgi naashnishgo shił yá'át'ééh. T'áá'ákwííbínígo dá'ák'ehgóó ałnááneiikah.
Nadą́ą́' k'indadiilyé. Hıłíıjį́į́'go ayóo chééh ndiikah dóó dichin daniidlį́į́ łeh.
T'óó'ahayói nda'iidį́į́h. T'áá'ákwííjį́ dibé bitsį' dóó bááh dootl'izhí dóó atoo'
ndéiidį́į́h łeh. Áádóó inda nizhónígo nda'iilhosh.

Meaning of Narrative B

Dá'ák'ehgi naashnishgo shił yá'át'ééh   I like working in the field.

T'áá'ákwííbínígo dá'ák'ehgóó ałnááneiikah   Every morning we (more than two) go

                                                 to the fields.

Naadą́ą́' k'indadiilyé   We plant corn

Hıłíıjį́į́'go ayóo ch!ééh ndiikàh   At dusk we are very tired

Doo dichin daniidlį́į́ łeh.   And we are hungry.

Tóó'ahayói nda'iidį́į́h   We eat a lot,

T'áá'ákwííjį́ dibé bitsį' dóó bááh dootł'izhí   Every day <u>we eat</u> mutton and

dóó atoo' <u>ndéiidį́į́h</u> leh.   blue (corn) bread and stew.

Áádóó inda nda'iilhosh   And then we sleep well.

Questions about Narrative B

Dá'ák'ehgi nanilnishgo niłísh yá'át'ééh?   Aoo', dá'ák'ehgi naashnishgo shił

                                            yá'át'ééh.

Háágóóshą' t'áá'ákwííbínígo ałnáánákah?*   T'áá'ákwííbínígo dá'ák'ehgóó

                                            ałnááneiikah.

Ha'át'íísh baa naahkai áadi?   Naadą́ą́' k'indadiilyé.

Hıłíıjį́į́'go ch'ééh ndoohkah daats'í?   Aoo', ch'ééh ndiikah.

Dichinísh danohłį́į́ leh?   Aoo', dichin daniidlį́į́ łeh.

Ha'át'ííshą' ndáhdį́į́h łeh: Dibé bitsį' dóó bááh dootl'izhí dóó

                                            atoo' ndéiidį́į́h łeh.

Áádóóshą'?   Áádóó inda nizhónígo nda'iilhosh.

*Where do you (more than two) go every morning?

More Months

T'ą́ą́tsoh	May (big leaves)
Ya'iishjáashchilí	June (early crop planting)
Ya'iishją́ą́shtsoh	July (late crop planting)
Bini'ant'ą́ą́ts'ózí	August (maturing of early crop; slim ripening)
Bini'ant'ą́ą́tsoh	September (Maturing of late crops; large ripening)
Ghąąjį'	October (back-to-back; division of the seasons)

Some Utterances about Nature

i'íí'á	the sun has set
chahóółéél	it has become dark
sǫ' da'diníłdíín	the stars are shining
kǫ' diłtłi'	the fire is burning

Expand Your Verb Knowledge

Ha'át'íísh baa naniná?	
Éé' yisháah.	I am dressing.
Éísha'?	What about him, her?
Éé' yigháah.	He, she is dressing.
Éé' nagháahash?	Are you dressing?
Háádish'nééh	I am dressing up.
Éísha'?	What about him, her?
Háádí'nééh ałdó'.	He, she is dressing up, too.
Háádí'nééhésh?	Are you dressing up?
Yishdloh.	I am laughing, smiling.
Éísha'?	What about him, her?
Yidloh ałdó'	He, she is laughing, too.
Yídlohísh?	Are you laughing?

187

Expand Your Verb Knowledge (continued)

Yishcha.	I am crying.
Éísha'?	What about him, her?
Yicha aɫdó'.	She is crying, too.
Níchaásh?	Are you crying?
Kin yishdleesh.	I am painting the house.
Éísha'?	What about him, her?
Kin yidleesh aɫdó'.	He, she is painting the house, too.
Kin yídleeshísh?	Are you painting the house?
Naadą́ą́' yishk'á.	I am grinding corn.
Éísha'?	What about him, her?
Naadą́ą́' yik'á aɫdó'.	He, she is grinding corn, too.
Naadą́ą́'ásh nik'á?	Are you grinding corn?
Naadą́ą́' k'idishɫé	I am planting corn.
Éísha'?	What about him, her?
Naayízí k'iidilé.	He is planting squash.
Nímasiitsoh k'idílé daats'í?	Are you planting potatoes?

Other Positional Verbs

siyį́ - Used to describe liquid in position outside a container.

    Abe' ni'góó siyį́.   The milk is (in a puddle) on the flo[or]

shijaa' - For loose, seperable objects.

    Naa'óɫí ńléidi shijaa'.   The beans are there.

shijooɫ - for hay, wool, etc.

    Tɫ'oh kǫ́ǫ́ shijooɫ.   The hay is here.

sitɫéé' - for mushy matter

    Hashtɫ'ish tsé nádleehí kodi sitɫéé'.   The cement is here.

sinil - for plural animate or inanimate objects

    Naaltsoos kodi sinil.   The books are here.

188

Instructor	Student
Háadi tó?	Ńléídí siyį́ (in a puddle)
Háadi naa'ółí?	Ńleidi shijaa' (loose)
Háadi tł'oh?	Ńléidi shijooł (loose)
Háadi hashtł'ish?	Ńléidi sitłéé' (spilled)
Háadi naaltsoos (books)	Nleidi sinil
Háadi abe'?	Ńléídi siyį́ (in a puddle)
Háadi aghaa' (wool)?	Ńléidi shijooł
Háadi yoo' (beads)?	Ńléídi shijaa' (separate)
Háadi tsits'aa' (boxes)?	Ńléídi sinil

Plants, Animals, Birds, and Insects

Díí ha'át'íísh át'é?	What's this?
chǫǫh át'é	It is a wild rose
waa' át'é	It is beeweed
ts'ah át'é	It is sagebrush
chá'oł át'é	It is a pinon tree
neeshch'íí' át'é	It is a nut
neeshch'ííts'iil át'é	It is a pine cone
chéch'il át'é	It is an oak
chéch'il bináá' át'é	It is an acorn (oak, its eye)
t'iis át'é	It is a cottonwood tree
hosh át'é	It is a cactus
ńdíshchíí' át'é	It is a pine tree
tsá'ászi' át'é	It is a yucca
jeeh át'é	It is pitch
télii át'é	It is a donkey
chaa' át'é	It is a beaver
bisóodi át'é	It is a pig

189

Plants, Annimals, Birds, and Insects (continued)

jaanééz át'é (or dzaanééz)	It is a mule
jádí át'é	It is an antelope
dzééh át'é	It is an elk
né'éshjaa' át'é	It is an owl
ts'ání át'é	It is a pinon jay
tsiiłkaařii át'é	It is a woodpecker
tsídiłlbáhí át'é	It is a sparrow
ts'í'ii át'é	It is a gnat
ts'í'ii danineezí át'é	It is a mosquito
tsé'édǫ'ii át'é	It is a fly
na'ashjé'ii át'é	It is a spider
wólázhini át'é	It is a black ant
wóláchíí' át'é	It is a red ant
k'íneedlíshii át'é	It is a stink beetle
ch'osh át'é	It is a worm
k'aalógii át'é	It is a butterfly

Dialogue

1.	Ha'at'íísha' ánánídlééh.	What are you fixing?
2.	Shichidí bitsiits'iin ánáshdlééh.	I am fixing the engine of my car (car, its head)
1.	Ndiits'ííhísh?	Does it run?
2.	Ndaga', shits'ą́ą́' yíchxo'.	No, it broke down on me.

New Vocabulary for the Dialogue

ánánídlééh	you repair it, fix it
chidí bitsiits'iin	motor, engine
ánáshdlééh	I repair it, fix it
diits'ííh	It runs, it works
shits'ą́ą́' yíchxǫ'	It broke down on me

190

Paradigm

Imperfect, first three persons singular of <u>to repair it</u>, <u>to fix it</u>

ánáshdléeh	I am fixing it, repairing it
ánánídlééh	You're fixing it, repairing it
ánéídlééh	He, she is fixing it, repairing it

Some Navajo Foods

bááh dootł'izhí	blue bread, made with blue cornmeal
'alkaan	a sweet cake baked in a corn husk lined pit - for ceremonial purposes
dah diníilghaazh	fry bread
tanaashgiizh	ground corn mush
náneeskaadí	slapped bread

Both <u>of</u> and <u>all of</u>

t'áá'áníidla bíhwiil'aah	<u>both</u> of us are learning it
t'áá'áníiltso bídahwiil'aah	<u>all</u> of us are learning it
t'áá'ánóła ákǫ́ǫ́sh dishoo'áásh?	Are <u>both</u> of you going there?
t'áá'ánółtso ákǫ́ǫ́sh disoohkai	Are <u>all</u> of you going there?
t'áá'ájíła k'izhdidooléeł	<u>Both</u> of them will plant it.
t'áá'áłtso k'idazhdidooléeł	<u>All</u> of them will plant it.

1. K'ad háadi kééhót'{?   Where do you live now?

2. Ts'óhootsodi. Áadi kééhasht'{{go   At St. Michaels. I've lived there
    táá' nááhai.   for three years.

1. Kiisha?   How about Kii?

2. Éí Naakaii Bito'di kééhat'{ k'ad.   He lives at Mexican Springs now.

1. T'áá shiidaa'dii áadi kééhat'{{sh?   Has he lived there for a long time?

2. Aoo', d{{' nááhai.   Yes, four years.

1. Bich'{' diit'ash.   Let's go see him.

2. Hágosh{{   All right.

1. Baghandi sidáásh?   Is he at home? (Is he sitting in his

                                            home?)

2. Aoo', baghandi t'áá sáhí sidá.   Yes, he's at home alone.

New Vocabulary for the Dialogue

kééhót'í	you live, reside
Ts'óhootso	St. Michaels, Arizona
kééhasht'{	I live, reside
Naakaii Bito'	Mexican Springs, N. M.
kééhat'í	He, she lives, resides
nááhai	year(s)
t'áá shiidaa'dii	a long time
bich'{'	toward him, to him
diit'ash	we (two) are going
sidá	he is sitting, is at home
hágosh{{	all right
t'áá sáhí	along (also, t'áá sahdii)

192

Paradigms

The neuter of the verb to live, to reside, in the first three persons singular:

kééhasht'į́	I live, I reside
kééhóót'į́	You live, you reside
kééhat'į́	He, she lives, he, she resides

Note:

Háadish kééhot'į́?	Where do you live?
Haashyit'éego kééhót'į́?	How are you getting along?

Generalize!

Háadi kééhat'į́?	Tóta'di kééhat'į́.
Háadi kééhat'į́ ńt'éé'.	Dziłbighą́ą'di kééhat'į́ ńt'éé'.
Háadi kééhot'į́?	Kodi kééhasht'į́.
Háadi kééhót'į́ ńt'éé'.	Tseyi'di kééhasht'į́ ńt'éé'.
Háadi kééhót'į́ doo (dooleeł)	Ts'óhootsodi kééhasht'į́ dooleeł.

The handling stem -aah, -(ł)tsóós, (ł)teeh, etc., may be used with the form ńdii- to say bring it, pick it up, choose it, find it. All forms given thus far have been the second person singular imperfective.

Bááh shaa ní'aah.	Give me the bread.
Bááh shaa ńdii'aah.	Bring me the bread.
Bááh ńdii'aah.	Pick up the bread.
Naaltsoos (sheet of paper) shaa	Bring me the paper.
ńdiiłtsóós.	

Instructor	Student
Béésh _____ _____	Béésh shaa ńdii'aah.
Tó _____ _____	Tó shaa ńdiikaah.
Gish _____ _____	Gish shaa ńdiitįįh.
Awéé' _____ _____	Awéé' shaa ńdiiłteeh.
Łı'óół _____ _____	Łı'óół shaa ńdiilé.

193

Aghaa' _____ _____	Aghaa' shaa ńdiiljooł.
Naa'ółí _____ _____	Naa'ółí shaa ńdiiłtsóós.
Hashtł'ish _____ _____	Hashtł'ish shaa ńdiitłeeh. (not in container)
Hashtł'ish _____ _____	Hashtł'ish shaa ńdiikaah. (in a container)
Awéé' (by back) _____ _____	Awéé' shaa ńdiiljiid.
Béeso (coins) _____ _____	Béeso shaa ńdiijaah.
Hééł (pack, by back) _____ _____	Hééł shaa ńdiiyeeh.
Yaateeł _____ _____	Yaateeł shaa ńdiiłtsóós.

Review of Lesson 23 Dialogue - with Variation

1.	Ha'át'íísh ánéídlééh?	What's he fixing?
2.	Bichidí bitsiits'iin ánéídlééh.	He's fixing the motor of his car.
1.	Ndiits'ííhísh?	Does it run?
2.a.	Ndaga', bits'ą́ą' yíchxǫ'.	No, it broke down on him.
b.	Niiltła.	It stopped.

Some Personal Characteristics

T'áá'áłahjį' tsi' naaghá.	He's always drunk.
Nesk'ah.	He's, she's fat.
Áłts'óózí.	He's, she slender.
Bits'iiní.	He's, she's skinny.
Ayóo' ánílnééz.	He's, she's tall.
Áłts'íísí.	He's, she's short.
Bíiyis.	He's handsome.
Nizhóní.	She's beautiful.
Nichǫǫ'í.	He's, she's ugly.
Bidziil.	He's, she's strong.

Doo bidziil da.	He's, she's weak.
Ániid naaghá.	He's, she's young.
Haastih.	He's, she's old.

Note: ániid also means new

    Haastih means old, worn out, decrepit, and refers to either person or

       thing.

Expand Your Verb Knowledge!

Ha'át'íísh baa naniná?

Sodiszin.	I am praying.
Éísha'?	What about him, her?
Sodilzin aľdó'	He is praying, too.
Sodílzinísh?	Are you praying?
Naaltsoos iish'áád.	I'm mailing a letter.
Éísha'?	What about him, her?
Naaltsoos ii'áád aľdó'.	He's mailing a letter, too.
Naaltsoos ani'áádísh?	Are you mailing a letter?
Ata'hashne'.	I am interpreting.
Éísha'?	What about him, her?
Ata'halne' aľdó'.	He's interpreting, too.
Ata'hólne'ésh?	Are you interpreting?
Shichidí hániyá.	I came for my car.
Éísha'?	What about him, her?
Binaaltsoos hániyá.	He came for his book.
Ha'át'íísha' háyíníyá?	What did you come for?

Iishháásh.	I'm going to sleep.
Éísha'?	What about him, her?
Iiłháásh ałdó'.	She's going to sleep, too.
Iiłhááshísh?	Are you going to sleep?
T'óó séti̧.	I'm just lying down.
Éísha'?	What about him, her?
T'óó siti̧ ałdó'.	She's just lying down, too.
Sínítíísh?	Are you lying down?
Kii béésh bee hane'é bich'i̧' ...hashne'.	I'm calling Kii on the phone.
Éísha̧'?	What about him, her?
Bimá bich'i̧' béésh bee hane'é yee halne'.	He's calling his mother on the phone.
Nimáásh bich'i̧' béésh bee hane'é bee hólne'.	Are you calling your mother by phone?
Ná'áshkad.	I am sewing.
Éísha'?	What about him, her?
Ná'áłkad ałdó'.	She's sewing, too.
Ná'łłkadísh?	Are you sewing?
Ádíshzhééh.	I am shaving.
Éísha'?	What about him, her?
Ádílzhééh ałdó'.	He's shaving, too.
Adilzheehesh?	Are you shaving?
Naak'a'at'ąhí niheshgéésh.	I am cutting cloth.
Éísha'?	What about him, her?
Naaltsoos niyiiłgéésh.	She's cutting paper.
Nihíłgééshísh?	Are you cutting it?

Shidibé tádíshgéésh.	I'm shearing my sheep.
Éísha'?	What about him, her?
Bidibé táidigéésh.	He's shearing his sheep.
Nidibéésh tádígéésh?	Are you shearing your sheep?
Aghaa' hanishchaad.	I'm carding wool.
Éísha'?	What about him, her?
Aghaa' hainiłchaad ałdó'.	She's carding wool, too.
Aghaa' haníłchaadísh?	Are you carding wool?
Aghaa' yisdiz.	I'm spinning wool.
Éísha'?	What about him, her?
Aghaa' yidiz.	She's spinning wool.
Aghaa' nidizísh?	Are you spinning wool?
Eesht'ih	I'm putting up a fence.
Éísha'?	What about him, her?
Oołt'ih ałdó'. .	He's putting up a fence, too.
ííłt'ihísh?.	Are you putting up a fence?

Some Utensils

Béésh shaa ní'aah.	Give me the knife.
Béésh adee' ńdiitįįh.	Pick up the spoon.
Béésh adee' ntsaaígíí shaa ńdiitįįh.	Bring me the tablespoon.
Nibéésh ahédiłí sha' níłé.	Lend me your scissors.
Bíla' táá'i sha'* átiih.	Lend me a fork.

* The shortening and glottalization of the postposition shaa to sha' changes the meaning (when used with a handling verb implying giving) from give me to lend me.

197

Some More Nouns With Béésh (iron, metal, flint)

béésh ałts'óózí	wire
béésh adisháhí	barbed wire
béésh bee hane'é	telephone
béésh bee ak'e'elchíhí	typewriter
béésh bii' ko'í	stove
béésh dootł'izh	iron
béésh łichíí'í	copper
béésh łígaii	silver
béésh łitsoii	brass
béésh nitł'ízígíí	steel
béésh hataałii	phonograph
béésh ná'áłkádí	sewing machine
béésh tó bii' ńlínígíí	water pipe

Measurements

t'ááłá'í asdzo	one inch
naaki asdzo	two inches
táá' adées'eez	three feet
díí' adées'eez	four feet
ashdla' dahidédlo	five pounds
hastą́ą́h dahidédlo	six pounds

198

Lesson 21

Háádą́ą́' yíníyá?	T'áa'di yéędą́ą́' níyá.
Nitsi'shą'?	Doo níyáa da.
Nitsi'shą'?	Yiską́ago doogáál.
Hahgo díínáál?	Kodóó naaki damóogo deesháál.
Nimásánishą'?	T'áá'íídą́ą́' ákǫ́ǫ́ níyá.
Háádą́ą́' níyá?	Tł'éé'dą́ą́' níyá.
Nishą'?	Naakiskatidą́ą́' níyá.
Hahgo doogááł?	Doo doogáál da.
Biye'shą'?	Yiską́ago yaa'adeiz'ą́ago doogáál.

Lesson 22

Hágóósh díníyá?	Dziłbighą́ą́'góó déyá.
Hahgoshą'? (ákǫ́ǫ́ díníyá?)	Díízhíní ákǫ́ǫ́ déyá.
Háísh áadi baghan?	Shicheii áadi baghan.
Ha'át'íísh baa naniná dooleeł áadi?	Łóó' hahideeshłoh shíį́.
Háadi Łóó' hahidííloh?	Be'ak'id biyii'. Áadi be'ak'id t'óó' ahayóí dahólǫ́.
Nibee'eldǫǫhísh hólǫ́?	Aoo', shibee'eldǫǫh hólǫ́.
Adíłdonísh bééhonísin?	Aoo', adishdon bééhasin.
Ndíílzhahísh?	Aoo', ndeeshzhah.
Nicheii bíká anilyeedísh?	Aoo', bíká iishyeed.
Haashyit'éego bíká anilyeed?	Bidibé bá nanishkaad doo.

Haash dóone'é nílį́?   Jaa' yaaɫóolii nishłį́.

Haash dóone'é nílį́?   Tótsohnii nishłį́.

Haash dóone'é nílį́?   Tábąąhá nishłį́.

Ha'át'íísh bá shíniłchíín?   Łį'ógí bá shíshchíín.

Ha'át'íísh bá shíniłchíín?   Naakaii dine'é bá shíshchíín.

Ha'át'íísh bá shíniłchíín?   Bįįh dine'é bá shíshchíín.

Lesson 23

Háísh da'ółta'?   Áłchíní da'ółta'.

Hahgo da'ółta'?   Dąago da'ółta'.

Hahgo doo da'ółta' da?   Shįįgo doo da'ółta' da.

Dziłbighą́ą'di haash hoot'ééh?   Dziłbighą́ą'di honeezk'ází yee'.

Shįįgo háadi deesdoi łeh?   Kintahdi deesdoi łeh shįįgo.

Łį́į' nihiłíísh naaldlosh?   Aoo', Łį́į' nihił naaldlosh.

Yaa'adeizą́ągo ha'át'íísh baa   Yaa'adeizą́ągo ná́dą́'íílkǫǫh łeh.
    naahkai łeh?

Hiłíiijį́į'goshą'?   Hiłíiijį́į'go ndeii'né łeh.

Dá'ák'ehgi nanilnishgo nilíísh yá'át'ééh? Aoo', dá'ák'ehgi naashnishgo shił
                                               yá'át'ééh.

Háágóóshą' t'áá'ákwííbínígo ałnáánáhkah?   T'áá'ákwííbínígo dá'ák'ehgóó
                                               ałnáánéiikah.

Ha'át'íísh baa naahkai áadi?   Naadą́ą́' k'indadíílyé.

Hiłíiijį́į'go ch'ééh ndoohkah daats'í?   Aoo', ch'ééh ndiikah.

Dichinísh danohłį́į łeh?   Aoo', dichin daniidlį́į łeh.

Ha'át'ííshą' ndáhdį́įh łeh?   Dibe bitsį' dóó bááh dootł'izhi dóó
                                               atoo' ndéiidį́įh łeh.

200

Áádóósha'?   Áádóó índa nizhónígo úda'iihwosh.

Háadi tó?   Ńléidi siyį́.

Háadi naa'ółí'?   Ńléidi shijaa'.

Háadi tł'oh?   Ńléidi shijooł.

Háadi hashtł'ish?   Ńléidi sitłéé'.

Háadi naaltsoos (plural)?   Ńléidi sinil.

Háadi abe'?   Ńléidi siyį́.

Háadi aghaa' (wool)?   Ńléidi shijooł.

Háadi yoo' (beads)?   Ńléidi shijaa'.

Háadi tsits'aa' (boxes)?   Ńléidi sinil.

Ha'át'íísha' ánánídlééh?   Shichidí bitsiits'iin ánáshdlééh.

Ńdiits'į́į́hísh?   Ndaga', shits'ą́ą́ yíchxǫ'.

Lesson 24

K'ad háadi kééhót'į́?   Ts'óhootsodi. Áadi kééhasht'į́igo

                                       táá nááhai.

Kiisha'?   Éí Naakaii Bito'di kééhat'į́ k'ad.

T'áá shiidą́ą'dii áadi kééhat'į́ish?   Aoo', dį́į́' nááhai.

Baghandi sidą́ą́sh?   Aoo', baghandi t'áá sáhí sidá.

Háadi kééhat'į́?   Tóta'di kééhat'į́.

Háadi kééhat'į́ ńt'éé'?   Dziłbighą́ą́di kééhat'į́ ńt'éé'.

Háadi kééhót'į́?   Kodi kééhasht'į́.

Háadi kééhót'į́ ńt'éé'.   Tséyi'di kééhasht'į́ ńt'éé'.

Háadi kééhot'į́ doo (dooleeł)?   Ts'óhootsodi kééhasht'į́ dooleeł.

201

Verb Paradigms for Lessons 21-24

Future-to go;to come; to arrive

singular	dual	distributive plural
1st deeshááł	diit'ash	diikah
2nd díínááł	dooh'ash	doohkah
3rd doogááł	doo'ash	dookah
3a jidoogááł	jidoo'ash	jidookah

Imperfect

singular	dual	distributive plural
1st nisháah	niit'aash	niikááh
2nd nínááh	noh'aash	noòhkááh
3rd yíghááh	yi'aash	yikááh
3a jíghááh	ji'aash	jikááh

Perfective

singular	dual	distributive plural
1st níyá	niit'áázh	niikai
2nd yíníyá	noo'áázh	noohkai
3rd níyá	ní'áázh	yíkai
3a jiníyá	jiní'áázh	jíkai

Future- to hoe

singular	dual	distributive plural
1st náhodeeshdoł	náhodiigoł	ndahodiigoł
2nd náhodíígoł	náhodoohgoł	ndahodoohgoł
3rd náhodoogoł	náhodoogoł	ndahodoogoł
3a náhozhdoogoł	náhozhdoogoł	ndahozhdoogoł

Continuative Imperfective

singular	dual	distributive plural
1st náháshgod	náhwiigod	ńdahwiigod
2nd náhógod	náhohgod	ńdahogod
3rd náhágod	náhágod	ńdahagod
3a náhojígod	náhojígod	ńdahojígod

Perfective

singular	dual	distributive plural
1st náhóógeed	náhwiigeed	ńdahwiigeed
2nd náhwíínígeed	náhoogeed	ńdahoogeed
3rd náhóógeed	náhóógeed	ńdahóógeed
3a náhojíígeed	náhojíígeed	ńdahojíígeed

Future- to wash it (something permeable, cloth, wool, etc.)

singular	dual	distributive plural
1st·deesgis	diigis	dadiigis
2nd díígis	doohgis	dadoohgis
3rd yidoogis	yidoogis	deidoogis
3a jidoogis	jidoogis	dajidoogis

Continuative Imperfective

singular	dual	distributive plural
1st yiisgis	yiigis	deiigis
2nd yiigis	woohgis	daoohgis
3rd yiyiigis	yiyiigis	deiyiigis
3a jiigis	jiigis	dajiigis

203

Perfective

singular	dual	distributive plural
1st ísíségis	siigis	dasiigis
2nd sínígis	soogis	dasoogis
3rd yizgis	yizgis	deiizgis
3a yizgis	yizgis	deiijizgis

Future- to wash it (something impermeable, dish, wall, floor)

singular	dual	distributive plural
1st táádeesgis	táádiigis	táádadiigis
2nd táádíígis	táádoohgis	táádadoohgis
3rd tááídoogis	tááídoogis	táádidoogis
3a táázhdoogis	táázhdoogis	táádazhdoogis

Continuative Imperfective

singular	dual	distributive plural
1st tánásgis	tánéiigis	táádeiigis
2nd tóánígis	tánáhgis	táádaahgis
3rd tánéígis	tánéígis	táádeígis
3a táájígis	táájígis	táádajígis

Perfective

singular	dual	distributive plural
1st tááségiz	táásiigiz	táádasiigiz
2nd táásínígiz	táásoogiz	táádasoogiz
3rd táánéízgiz	táánéízgiz	táádeizgiz
3a táájízgiz	táájízgiz	táádajízgiz

Future- to go out (through a door)

singular	dual	distributive plural
1st ch'ídeeshááł	ch'ídiit'ash	ch'ídiikah
2nd ch'ídíínááł	ch'ídooh'ash	ch'ídoohkah
3rd ch'ídoogááł	ch'ídoo'ash	ch'ídookah
3a ch'ízhdoogááł	ch'ízhdoo'ash	ch'ízhdookah

Imperfective

singular	dual	distributive plural
1st ch'íníshááh	ch'íniit'aash	ch'íniikááh
2nd ch'ínínááh	ch'ínóh'aash	ch'ínohkááh
3rd ch'éghááh	ch'í'aash	ch'ékááh
3a ch'íjíghááh	ch'íjí'aash	ch'íjíkááh

Perfective

singular	dual	distributive plural
1st ch'íníyá	ch'íniit'áázh	ch'íniikai
2nd ch'ííníyá	ch'ínoo'áázh	ch'ínoohkai
3rd ch'íníyá	ch'íní'áázh	ch'ékai
3a ch'ízhníyá	ch'ízhní'áázh	ch'íjíkai

Future- to go in (to enter an enclosure)

singular	dual	distributive plural
1st yah adeeshááł	yah adiit'ash	yah adiikah
2nd yah adíínááł	yah adooh'ash	yah adoohkah
3rd yah adoogááł	yah adoo'ash	yah adookah
3a yah azhdoogaal	yah azhdoo'ash	yah azhdookah

Imperfective

singular	dual	distributive plural
1st yah iishááh	yah iit'aash	yah iikaah
2nd yah aninááh	yah ooh'aash	yah oohkááh
3rd yah iighááh	yah ii'aash	yah iikááh
3a yah ajighááh	yah aji'aash	yah ajikááh

Perfective

singular	dual	distributive plural
1st yah ííyá	yah iit'áázh	yah iikai
2nd yah ííníyá	yah oo'áázh	yah oohkai
3rd yah ííyá	yah íí'áázh	yah iikai
3a yah ajííyá	yah ajíí'áázh	yah ajiikai

Imperfective- to shoot

singular	dual	distributive plural
1st adishdon	adiildon	da'adiildon
2nd adíɬdon	adoɬdon	da'adoɬdon
3rd adiɬdon	adíɬdon	da'adiɬdon
3a azhdiɬdon	azhdiɬdon	da'azhdiɬdon

Future- to swim; to go swimming

singular	dual	distributive plural
1st n'deeshkǫǫɬ	n'diilkǫǫɬ	n'dadiilkǫǫɬ
2nd n'dííɬkǫǫɬ	n'dooɬkǫǫɬ	n'dadooɬkǫǫɬ
3rd n'dooɬkǫǫɬ	n'dooɬkǫǫɬ	n'dadooɬkǫǫɬ
3a nizh'dooɬkǫǫɬ	nizh'dooɬkǫǫl	nidazh'dooɬkǫǫɬ

Continuative Imperfective

singular	dual	distributive plural
1st na'ashkǫǫ'	na'iilkǫ́ǫ́'	nda'iilkǫǫ'
2nd na'íłkǫǫ'	na'ołkǫ́ǫ́'	nda'ołkǫǫ'
3rd na'ałkǫǫ'	na'ałkǫ́ǫ́'	nda'ałkǫǫ'
3a n'jiłkǫǫ'	n'jiłkǫ́ǫ́'	nda'jiłkǫǫ'

Perfective

singular	dual	distributive plural
1st ni'séłkǫǫ'	ni'siilkǫ́ǫ́'	nda'siilkǫǫ'
2nd ni'síníłkǫǫ'	ni'soołkǫ́ǫ́'	nda'soołkǫǫ'
3rd na'ashkǫǫ'	na'askǫǫ'	nda'askǫǫ'
3a n'jiskǫǫ'	n'jiskǫǫ'	nda'jiskǫǫ'

Future- to take a sweat bath*

singular	dual	distributive plural
1st táchééh deesh'nah	táchééh dii'nah	táchééh dadii'nah
2nd táchééh díí'nah	táchééh dooh'nah	táchééh dadooh'nah
3rd táchééh doo'nah	táchééh doołnah	táchééh dadoo'nah
3a táchééh jidoo'nah	táchééh jidoo'nah	táchééh dajidoo'nah

*Without táchééh the forms are conjugations of to arrive crawling.

Imperfective (without táchééh the following forms are present tense conjugations of to lie down; to be lying)

singular	dual	distributive plural
1st táchééh sétį	táchééh shiitéézh	tacheeh shiijéé'
2nd táchééh sinítį	tacheeh shootéézh	tacheeh shoojéé'
3rd táchééh sitį	tacheeh shitéézh	tacheeh shijéé'
3a táchééh jiztį	tacheeh jizhtéézh	tacheeh jizhjéé'

Perfective

singular	dual	distributive plural
1st táchééh yish'na'	táchééh yii'na'	táchééh deii.'na'
2nd táchééh yíní'na'	táchééh wooh'na'	táchééh daoh'na'
3rd táchééh yi'na'	táchééh yi'na'	táchééh dei'na'
3a táchééh joo'na'	táchééh joo'na'	táchééh dajoo'na'

Progressive- to drive a car along

singular	dual	distributive plural
1st chidí yisbąs	chidí yiilbąs	chidí deiilbąs
2nd chidí yíłbąs	chidí woołbąs	chidí daoołbąs
3rd chidí yoołbąs	chidí yoołbąs	chidí deioołbąs
3a chidí joołbąs	chidí joołbąs	chidí dajoołbąs

Future- to plant it

singular	dual	distributive plural
1st k'idideeshłééł	k'ididiilyééł	k'idadídiilyééł
2nd k'ididíílééł	k'ididoohłééł	k'idadidoohłééł
3rd k'iididoolééł	k' iididoolééł	k'idéididoolééł
3a k'izhdidoolééł	k'izhdidoolééł	k'idazhdidoolééł

Imperfective

singular	dual	distributive plural
1st k'idishłé	k'idiilyé	k'idadiilyé
2nd k'idílé	k'idohłé	k'idadohłé
3rd k'iidilé	k'iidilé	k'ideilé
3a k'izhdilé	k'izhdile	k'idazhdilé

Perfective

singular	dual	distributive plural
1st k'idíílá	k'idiilyá	k'idadiilyá
2nd k'idíínílá	k'idoolá	k'idadoolá
3rd k'iidíílá	k'iidíílá	k'ideidíílá
3a k'izhdíílá	k'izhdíílá	k'idazhdíílá

Iterative(Repetetive)- to eat-This mode denotes an act repeatedly done. (Intransitive)

singular	dual	distributive plural
1st ná'áshdįįh	ná'iidįįh	ńda'iidįįh
2nd ná'ídįįh	ná'óhdįįh	ńda'ohdįįh
3rd ná'ádįįh	ná'ádįįh	ńdá'ádįįh
3a n'jídįįh	n'jídįįh	nda'jídįįh

Iterative- to eat it (transitive)

singular	dual	distributive plural
1st náshdįįh	néiidįįh	ńdéiidįįh
2nd nánídįįh	náhdįįh	ńdaahdįįh
3rd néídįįh	néídįįh	ńdéídįįh
3a ńjídįįh	ńjídįįh	ńdajídįįh

Future- to laugh

singular	dual	distributive plural
1st adeeshdloh	adiidloh	da'adiidloh
2nd adíídloh	adoohdloh	da'adoohdloh
3rd adoodloh	adoodloh	da'adoodloh
3a azhdoodloh	azhdoodloh	da'azhdoodloh

Progressive

singular	dual	distributive plural
1st yishdloh	yiidloh	deiidhoh
2nd yídloh	wohdloh	dawohdloh
3rd yidloh	yidloh	deidloh
3a joodloh	joodloh	dajoodloh

Perfective

singular	dual	distributive plural
1st eeshdlo'	iidlo'	da'iidlo'
2nd íiníidlo'	oohdlo'	da'oohdlo'
3rd eedlo'	eedlo'	da'eedlo'
3a ajoodlo'	ajoodlo'	da'ajoodlo'

Future- to cry, to weep

singular	dual	distributive plural
1st deeshcha	diicha	dadiicha
2nd díícha	doohcha	dadoohcha
3rd doocha	doocha	dadoocha
3a jidoocha	jidoocha	dajidoocha

Continuative Imperfective

singular	dual	distributive plural
1st yishcha	yiicha	deiicha
2nd nicha	wohcha	daohcha
3rd yicha	yicha	deicha
3a yjicha	jicha	dajicha

Perfective

singular	dual	distributive plural
1st yícha	yiicha	deiicha
2nd yínícha	woocha	daoocha
3rd yícha	yícha	deícha
3a jíícha	jíícha	dajíícha

Future- to paint it

singular	dual	distributive plural
1st deeshdlish	diidlish	dadiidlish
2nd díídlish	doohdlish	dadoohdlish
3rd yidoodlish	yidoodlish	deidoodlish
3a jidoodlish	jidoodlish	dajidoodish

Continuative Imperfective

singular	dual	distributive plural
1st yishdleesh	yiidleesh	deiidleesh
2nd nidleesh	wohdleesh	daohdleesh
3rd yidleesh	yidleesh	deidleesh
3a jidleesh	jidleesh	dajidleesh

Perfective

singular	dual	distributive plural
1st shédléézh	shiidléézh	dashiidléézh
2nd shínídléézh	shoodléézh	dashoodléézh
3rd yizhdléézh	yizhdléézh	deizhdléézh
3a jizhdléézh	jizhdléézh	dajizhdléézh

Future- to grind it (corn, wheat, etc.)

singular	dual	distributive plural
1st deeshk'ááł	diik'ááł	dadiik'ááł
2nd díík'ááł	doohk'ááł	dadoohk'ááł
3rd yidook'ááł	yidook'ááł	deidook'ááł
3a jidook'ááł	jidook'ááł	dajidook'ááł

Continuative Imperfective

singular	dual	distirbutive plural
1st yishk'á	yiik'á	deiik'á
2nd nik'á	wohk'á	daohk'á
3rd'yik'á	yik'á	deik'á
3a jik'á	jik'á	jik'á

Perfective

singular	dual	distributive plural
1st yík'ą́	yiik'ą́	deiik'ą́
2nd yíník'ą́	wohk'ą́	daohk'ą́
3rd yiyíík'ą́	yiyíík'ą́	deiyiik'ą́
3a jiik'ą́	jíík'ą́	dajiik'ą́

Progressive-ǫto live,to reside

singular	dual	distributive plural
1st kééhasht'į́	kééhwiit'į́	kéédahwiit'į́
2nd kééhót'į́	kééhoht'į́	kéédahoht'į́
3rd kééhat'į́	kééhat'į́	kéédahat'į́
3a kééhojit'į́	kééhojit'į́	kéédahojit'į́

Future - to repair it (also used to signify to write a letter back)

Singular	Dual	Distributive plural
1st áńdeeshdlį́į́ɫ	áńdiilnį́į́ɫ	áńdadiilnį́į́ɫ
2nd áńdíídlį́į́ɫ	áńdoohdlį́į́ɫ	áńdadoohdlį́į́ɫ
3rd áńéidoodlį́į́ɫ	áńéidoodlį́į́ɫ	áńdéidoodlį́į́ɫ
3a áńizhdoodlį́į́ɫ	áńizhdoodlį́į́ɫ	áńdazhdoodlį́į́ɫ

'Imperfective

singular	dual	distributive plural
1st áńáshdlééh	áńéiilnééh	áńádéiilnééh
2nd áńáńídlééh	áńáhdlééh	áńádááhdlééh
3rd áńéídlééh	áńéídlééh	áńádéídlééh
3a áńjídlééh	áńjídlééh	áńádájídlééh

Perfective

singular	dual	distributive plural
1st áńáshdlaa	áńéiilyaa	áńádiilyaa
2nd áńéinidlaa	áńáoodlaa	áńádashdlaa
3rd áńáyiidlaa	áńáyiidlaa	áńádayiidlaa
3'a áńjiidlaa	áńjiidlaa	áńádajiidlaa

Future - to pray

singular	dual	distributive plural
1st sodideeszį́į́ɫ	sodidiilzį́į́ɫ	sodadidiilzį́į́ɫ
2nd sodidíílzį́į́ɫ	sodidooɫzį́į́ɫ	sodadidooɫzį́į́ɫ
3rd sodidoolzį́į́ɫ	sodidoolzį́į́ɫ	sodadidoolzį́į́ɫ
3a sozdidoolzį́į́ɫ	sozdidoolzį́į́ɫ	sodazhdidoolzį́į́ɫ

Continuative Imperfective

singular	dual	distributive plural
1st sodiszin	sodiilzin	sodadiilzin
2nd sodílzin	sodołzin	sodadołzin
3rd sodilzin	sodilzin	sodadilzin
3a sozdilzin	sozdilzin	sodazhdilzin

Perfective

singular	dual	distributive plural
1st sodeeszin	sodiílzin	sodadiílzin
2nd sodíínílzin	sodoołzin	sodadoołzin
3rd sodoolzin	sodoolzin	sodadoolzin
3a sozdoolzin	sozdoolzin	sodazhdoolzin

Future- to mail a letter

singular	dual	distributive plural
1st naaltsoos adeesh'ał	naaltsoos adiit'ał	naaltsoos adadiit'al
2nd naaltsoos adíí'ał	naaltsoos adooh'ał	naaltsoos adadooh'ał
3rd naaltsoos iidoo'ał	naaltsoos adooh'ał	naaltsoos adeiidoo'al
3a maaltsoos azhdoo'ał	naaltsoos azhdoo'ał	naaltsoos adazhdoo'ał

Imperfective

singular	dual	distributive plural
1st naaltsoos iish'áá"d	naaltsoos ii'áá'd	naaltsoos adeii'ááad
2nd naaltsoos ani'ááad	naaltsoos ooh'ááad	naaltsoos adaooh'ááad
3rd naaltsoos ii'ááad	naaltsoos ii'ááad	naaltsoos adeii'ááad
3a naaltsoos ajii'ááad	naaltsoos ajii'ááad	naaltsoos adasii'ááad

Perfective

singular	dual	distributive plural
1st naaltsoos ĺĺ'ah	naaltsoos iit'ah	naaltsoos adiit'ah
2nd naaltsoos ĺĺnĺ'ah	naaltsoos oo'ah	naaltsoos adaoo'ah
3rd naaltsoos ayĺĺ'ah	naaltsoos ayĺĺ'ah	naaltsoos adayĺĺ'ah
3a naaltsoos ajĺĺ'ah	naaltsoos ajĺĺ'ah	naaltsoos adajĺĺ'ah

Future- to interpret (this form without ata' means to tell him about it)

singular	dual	distributive plural
1st ata'hodeeshnih	ata'hodiilnih	ata'dahodiilnih
2nd ata'hodĺĺlnih	ata'hodoołnih	ata'dahodoołnih
3rd ata'hodoolnih	ata'hodoolnih	ata'dahodoolnih
3a ata'hozhdoolnih	ata'hozhdoolnih	ata'dahozhdoolnih

Continuative Imperfective

singular	dual	distributive plural
1st ata'hashne''	ata'hwiilne'	ata'dahwiilne'
2nd ata'hólne'	ata'hoołne'	ata'dahoołne'
3rd ata'halne'	ata'halne'	ata'dahalne'
3a ata'hojilne'	ata'hojilne'	ata'dahojilne'

Perfective

singular	dual	distributive plural
1st ata'hweeshne'	ata'hwiilne'	ata'dahwiilne'
2nd ata'hwĺĺnĺlne'	ata'hoołne'	ata'dahoołne'
3rd ata'hoolne'	ata'hoolne'	ata'dahoolne'
3a ata'hojoolne'	ata'hojoolne'	ata'dahojoolne'

215

Future- to sleep, to go to sleep.

singular	dual	distributive plural
1st iideeshhosh	iidiilwosh	da'iidiilwosh
2nd iidííłhosh	iidoołhosh	da'iidoołhosh
3rd iidoołhosh	iidoołhosh	da'iidoołhosh
3a iizhdoolhosh	iizhdoołhosh	da'iizhdoołhosh

Imperfective

singular	dual	distributive plural
1st iishháásh	iilgháásh	da'iilgháásh
2nd iiłháásh	oołháásh	da'oołháásh
3rd iiłháásh	iiłháásh	da'iiłháásh
3a ajiiłháásh	ajiiłháásh	da'ajiiłháásh

Perfective

singular	dual	distributive plural
1st iiłhaazh	iilghaazh	da'iilghaazh
2nd iiniłhaazh	oołhaazh	da'oołhaazh
3rd iiłhaazh	iiłhaazh	da'iiłhaazh
3a ajiiłhaazh	ajiiłhaazh	da'ajiiłhaazh

Imperfective- to lie down

singular	dual	distributive plural
1st sétį	shiitéézh	shiijéé'
2nd sínítį	shootéézh	shoojéé'
3rd sitį	shitéézh	shijéé'
3a jéétį.	jizhtéézh	jizhjéé'

216

To talk on the phone is rendered by using the forms for to interpret without ata' but in conjunction with beesh bee hane'e, e.g.: béésh bee hane'é hashne' - I'm talking on the phone.

Future- to sew it (transitive)

singular	dual	distributive plural
st ńdeeshkał	ńdiilkał	ńdadiilkał
nd ádiiłkał	ńdoołkał	ńdadoołkał
rd néádoołkał	néidoołkał	ńdéidoołkał
a nízhdoołkał	nízhdoołkał	ńdízhdoołkał

Continuative Imperfective

singular	dual	distributive plural
st náshkad	néiilkad	ńdéiilkad
nd nániłkad	náłkad	ńdałkad
rd néłłkad	néłłkad	ńdéłłkad
a ńjiłkad	ńjiłkad	ńdájiłkad

Perfective

singular	dual	distributive plural
st níséłkad	nísiilkad	ńdasiilkad
nd nísíniłkad	nísoołkad	ńdasoołkad
rd néískad	néískad	ńdéískad
a ńjískad	ńjískad	ńdajískad

Future- to shave oneself

singular	dual	distributive plural
st ádideeshzhíh	ádidiilzhíh	ádadidiilzhíh
nd ádidíílzhíh	ádidoołzhíh	ádadidoołzhíh
rd ádidoolzhíh	ádidoolzhíh	ádadidoolzhíh
a ádizhdoolzhíh	ádizhdoolzhíh	ádadidzhdoo lzhíh

217

Continuative imperfective - to shave oneself (cont.)

singular	dual	distributive plural
1st ádíshzhééh	ádiilzhééh	ádadiilzhééh
2nd ádílzhééh	ádółzhééh	ádádóółzhééh
3rd ádílzhééh	ádílzhééh	ádádílzhééh
3a ázhdílzhééh	ázhdílzhééh	ádázhdílzhééh

Perfective

singular	dual	distributive plural
1st adeeshzhéé'	adiilzhéé'	adadiilzhéé'
2nd adíínílzhéé'	adoołzhéé'	adadoołzhéé'
3rd adoolzhéé'	adoolzhéé'	adadoolzhéé'
3a azhdoolzhéé'	azhdoolzhéé'	azhdadoolzhéé'

Future - to cut it; to make an incision

singular	dual	distributive plural
1st deeshgish	diigish	dadiigish
2nd díígish	doohgish	dadoohgish
3rd yidoogish	yidoogish	deidoogish
3a jidoogish	jidoogish	dajidoogish

Imperfective

singular	dual	distributive plural
1st yiishgish	yiigish	deiigish
2nd yiigish	woohgish	daoohgish
3rd yiyiigish	yiyiigish	deiyiigish
3a jiigish	jiigish	dajiigish

Perfective-to cut it; to make an incision (cont.)

singular	dual	distributive plural
1st shégish	shiigish	dashiigish
2nd shínígish	shoogish	dashoogish
3rd yizhgish	yizhgish	deizhgish
3a jizhgish	jizhgish	dajizhgish

Future - to shear it

singular	dual	distributive plural
1st tádideeshgish	tádidiigish	tádadidiigish
2nd tádidíigish	tádídoohgish	tádadídoohgish
3rd tádidoogish	tadidoogish	tádadidoogish
3a tázhdidoogish	tazhdidoogish	tádazhdidoogish

Imperfective

singular	dual	distributive plural
1st tádíshgéésh	tádiigéésh	tádadiigéésh
2nd tádígéésh	tádóhgéésh	tádadóhgéésh
3rd táidigéésh	táidigéésh	tádeidigéésh
3a tázhdigéésh	tázhdigéésh	tádazhdigéésh

Perfective

singular	dual	distributive plural
1st tádíígizh	tádiigizh	tádadiigizh
2nd tádíínígizh	tádoogizh	tádadoogizh
3rd táidíígizh	táidíígizh	tádeidíígizh
3a tázhdíígizh	tázhdiigizh	tádazhdíígizh

219

Future - to card it (wool)

singular	dual	distributive plural
1st hadínéeshchał'	hadíníilchał'	hadadíníilchał'
2nd hadínííłchał	hadínóołchał'	hadadínóołchał'
3rd haidínóołchał'	haidínóołchał'	hadeidínóołchał'
3a hazhdínóołchał'	hazhdínóołchał	hadazhdínóołchał'

Imperfective

singular	dual	distributive plural
1st hanishchaad	haniilchaad	hadaniilchaad
2nd haníłchaad	hanołchaad	hadanołchaad
3rd hainiłchaad	hainiłchaad	hadeiniłchaad
3a hazhniłchaad	hazhniłchaad	hadazhniłchaad

Perfective

singular	dual	distributive plural
1st hanííłchaad	haniilchaad	hadaniilchaad
2nd hanííníłchaad	hanííníłchaad	hadanííníłchaad
3rd hainííłchaad	hainííłchaad	hadeinííłchaad
3a hazhnííłchaad	hazhnííłchaad	hadazhnííłchaad

Future-to spin it; to twist it (yarn)

singular	dual	distributive plural
1st deesdis	diidis	dadiidis
2nd díídis	doohdis	dadoohdis
3rd yidoodis	yidoodis	deidoodis
3a jidoodis	jidoodis	dajidoodis

Imperfective - to spin it; to twist it (yarn)(cont.)

singular	dual	distributive plural
1st yisdiz	yiidiz	deiidiz
2nd nidiz	wohdiz	daohdiz
3rd yidiz	yidiz	deidiz
3a jidiz	jidiz	dajidiz

Perfective

singular	dual	distributive plural
1st sédiz	siidiz	dasiidiz
2nd sínídiz	soodiz	dasoodiz
3rd yizdiz	yizdiz	deizdiz
3a jizdiz	jizdiz	dajizdiz

Future - to put up a fence

singular	dual	distributive plural
1st adeesht'ih	adiilt'ih	da'adiilt'ih
2nd adíílt'ih	adoołt'ih	da'adoołt'ih
3rd adoołt'ih	adoołt'ih	da'adoołt'ih
3a azhdoołt'ih	azhdoołt'ih	da'azhdoołt'ih

Progressive

singular	dual	distributive plural
1st eesht'ih	iilt'ih	da'iilt'ih
2nd íílt'ih	oołt'ih	da'oołt'ih
3rd oołt'ih	oołt'ih	da'oołt'ih
3a ajoołt'ih	ajoołt'ih	da'ajoołt'ih

221

Perfective - to put up a fence

singular	dual	distributive plural
1st adéłt'i'	adeelt'i'	da'adeelt'i'
2nd adíníłt'i'	adisoołt'i'	da'adisoołt'i'
3rd adeest'i'	adeest'i'	da'adeest'i'
3a azhdeest'i'	azhdeest'i'	da'azhdeest'i'

Numbers refer to the initial page or pages upon which the word appears. This Lexicon is entirely the work of Lexicographer par excellence, Linda Short.

A

áadi   there (at a far away place) 20, 28

áádóósha'   what else 48, 55

aak'eedą́ą́'   last fall 42

aak'eedgo   in the fall 21

aaníí, jó t'áá   you said it 58

abe'   milk 7, 14

abe'éésh   milk? 42

abíńdą́ą́'   in the morning, (past) tł123

abíńdą́ą́'   in the morning, (past) i123

abíního   in the morning 122

adą́ą́dą́ą́'   yesterday 33, 34

adadiilzhish   we shall dance 164

adées'eez   foot (measurement) 198

ádeeshłííł   I shall make it 115,

adiłdon   you shoot, are shooting 206

ádílzhééh   you shave, are shaving 196

ádin   there is nothing; none; it is not in existance; he, she, is dead or absent 29, 42

ádíní, t'óó   you're just kidding 28 40

adi'ní'   it is thundering 147, 178

adishdon   I am shooting 179, 180

ádíshní, t'óó   I'm just kidding 28 40

ad66   from there 34, 126

adooleełji'   it will become toward 122

ádóósha'   then what? what else? 126

aghaa'   wool 197

agháadi   favorite 56, 57

agha'diit'aahii   lawyer 27, 40

'aháláane'   expression used when you see an old friend 51

áhályání, doo   you blockhead 64

áháshyání, doo   I'm a blockhead 64

ahéé'íłkid   hour 122

ahéé'íłkidjį'   for an hour 122

ahéhee'   thank you 8, 44

'áhonisin, baa   I'm aware of it 147

ájółta'   he, she, one is going to school 18, 162

ak'e'eshchí   I'm writing 134, 161

ak'e'íłchíísh   are you writing 134

'áko, t'áá shíí   oh well 55

ákǫ́ǫ́   there, in that direction 3, 4

akǫ́ǫh   watch out 23

ákǫ́ǫ́sh   in that direction? 42

ákót'é   it's right; that's the way 11

áłch'į́į́dígo   a little (bit) 58, 60

'Áłchíní   child, children 138, 185

ałdó'   also, too 28, 40

'alkaan   a sweet cake, baked in a corn husk lined pit, for ceremonial purposes 191

ałk'ésdísí   candy 58, 69

ałnááneiikah   we go back and forth 186

ałné'é'áahdą́ą́'   at noon (past time) 150

ałné'é'áahgo   at noon 122

áłtsé   first 181

áłts'íísí   small 194

áłts'íísígíí   the particular small one 141

ałtso   finished, done 141, 155

áłts'óózí   slim, slender 194

ályaa   made 141, 155

alzhin   dot 122

alzhish   she's dancing 135, 164

anaa'   war 125,

ánál'į́, chidí   garage 9

ánál'į́įdi, chidí   at the (a) garage 9, 15

ánánidlééh   you repair it; are repairing it; fix it; are fixing it 190, 213

ánáshdlééh   I repair it; fix it; am repairing it; am fixing it. 190, 213

ánéídlééh   he, she is fixing it; repairing it 194, 213

ani'áád   you are mailing it; mail it, send it off (letter) 195, 214, 215

áníid   new 195

ánílééh   you make it 94, 161

áníłnééz   tall 194

anilyeed   you will help 60, 180

aninááh, yah   you are going in 177, 205

ánósh'ní, ayóó   I love you 131

aoo'   yes 1, 14

asdzání   woman 63, 137

asdzo   inch 198

ashdla'   five (5) 22, 68

ashdla'áadah   fifteen (15) 31

ashdla'di   five times 121, 122

ashdla'digo   at five o'clock 139, 154

ashdladiin   fifty (50) 35, 60

áshįįh   salt 7, 14

'áshįįhí   the salt people 182, 184

ashiiké   boys 63, 71

ashkii   boy 63, 105

áshłééh   I make it 135, 161

ásht'į, t'óó   I'm just loafing 144

ashtł'ó   I am weaving 145, 170

ashzhish   I am dancing 135, 164

'aszólí light (weight) 64
ata'halne' he interprets, is inter-
      preting 195, 215
atá'hashne' I am interpreting 195, 215
át'áhígo in a little while, soon 181
'át'é he, she, it is 35, 136
at'ééd girl 105, 111
at'ééké girls 63, 136
atiin a road; the road 56, 57
atoo' stew 64, 71
atsá eagle 64, 85
atsį' meat 22, 58
atsiniltł'ish lightning 178
awéé' baby 98, 106
'ayá ouch 12
ayóo very, very much 20, 30
ayóó'ánłtsofgíí large 141, 155
azéé' medicine 7, 14
azéé'ał'įįdi hospital 11
azéé'íłł'íní doctor 27, 40
azlįį'go having become 120, 126

B.
bá for him 50, 71
baa for, about, from him 9, 10
ba'ąą added to it 41, 60
ba'aan added to it 26, 35
bááh bread 3, 4
báah ílí it costs 48, 55
baghan his or their home 34, 35
baghandi at his home, house 67
baghanísh his, her house? 43
báhádzidgo terribly, frightfully 106
bá'ólta'í teacher 24, 25
be'ak'id lake(s) 179
bee by means of it; with it 29, 31
béégashii cows 83, 84
bééhágod hoe 128, 129
bééhasin I know him, her, it; I
      know how 142, 143
bééhonísin you know him, her, it; you
      know how 142, 143
béého'oozįįł, bił he will know about
      it 142
bééhoozįįh, bił he's getting to know
      about it 143
bééhozin, bił he knows about it 143
be'eldííłasínil Albuquerque, N. M.
      (metal objects in place) 128
beeldléí blanket 139, 140
béénílniih you remember it 143
béésh knife, iron 63, 90
béésh bee hane'é hashne' I'm talking
      on the telephone 196
béeso money 4, 26
beisénah I forgot it; about it 143

beisíninah you forgot it; about it 143
béénáshniih I remember it, him, her 142
bi his, her, its, their 34, 88
bii' in 62, 70
biba' sédá I wait for him; I'm wait-
      ing for him 126, 127
bibid his stomach 68
bich'ahí, béésh German 63
bich'į' toward, to him 50, 99
bichidí his, her car 36, 41
bichidíísh his car? 43
bidáahgi in front of 130, 152
bidáyi' his throat 68
bideijígo over it 83, 84
bidibé his sheep 35, 179
bidziil he's, she's strong 194
bigaan his arm 68
bighan his home 34, 443
bíhwiil'aah we (2) are learning it 16
biidoołkááł he, who shall spend the
      night 73
bíighah it's enough; or it fits 50,
      66
bíighahgo it being enough; worth 50
biih in it; into it 29, 53
bįįh deer 85, 108
biiská he, she spent the night 53, 58
biiskánígo on the next day 8, 14
bíiyis he's handsome 194
bijáá' his ear 68
bijáád his leg 68
bijéí his heart 48, 65
bíká for, after him (in running) 147
bikáá'adání table 130, 152
bikáa'di on top of 130, 94
bik'ah it's oil; grease 48, 65
bik'é in exchange for it; for it 29,
      30
bikee' his shoes 48, 65
bikéyahdi at; on his land; territory,
      reservation 101, 112
bikéyahdéé' from his land 97, 111
bikéyahgóó toward his land 97, 110
bik'idah'asdáhí chair 133, 154
bik'íníyá I found it 95, 96
bikooh canyon 83, 84
bik'ijį', áádóó afterward
bik'is his friend; brother 43, 51
bił with him 53, 97
bíla' his hand
bilááh beyond it 121
bilagáana white man; woman 12, 60
bilah his sibling or maternal cousin
      of the opposite sex 105, 111
bilasáana apple 7, 14
bilįį' his horse; livestock 145, 156

224

bimá his, her, its mother; their mother 34, 43

bimásání his, her grandmother 145, 156

bináá' his, her eye(s) 68

bináá'adaał'ts'ózí bizaad Japanese language 63

bínááñai his years 95, 96

binaaltsoos his paper; book 64, 90

binaanish his work 24

binásdzid I'm afraid of it 100

bine'di behind it 130, 152

bíneeshdlí I'm interested in it 100

bíní' his, her mind 99

Bíni'ant'áátsoh September; maturing of late crops; large ripening 187

Bini'ant'ááts'ózí August; maturing of early crops; slim ripening 187

biniina because of it; for the reason that 99, 133

biniyé because of it; 87

bi'oh neesh'á I can't afford it 50, 55

bisóodi pig 189

bitah among him, it them 53, 54

bitahásh within him? 68

bitoo' it's juice 3, 4

bits'áá' deriving from; or away from him, her, it 194

bitsį' it's meat 58, 91

bitsįįdi at the foot of it 50, 66

bits'iiní he's, she's skinny 194

bitsiits'iin his head 68

biwoo' his tooth; teeth 68

biyaadi beneath it 83, 84

biyáázh her son; its young 64

biye' his son 142, 156

biye'sha' how about his son; 180

biyid his chest 68

bíyiin íits, his, her song 136

biyoostsah his ring(s) 96, 110

bizaad his language 1, 2

bizaadsha' what about his language 60

bizhé'é his father 66

bohónéedzá It's possible; feasible 61, 132

bóhoosh'aahgo the learning of it 86

C

chaa' beaver 189

ch'ah hat 48, 65

chahóółééł it has become dark 187

ch'al frog 94

chá'oł pinon tree 189

cháshk'eh arroyo 83, 84

chéch'il oak tree 62, 70

ch'ééh vainly; in vain 23, 39

chidí a car; the car 2, 3

chidí'ánáł{ garage (for repair) 9

chidíłgai white car (bus) 31, 41

chidíłitsoí bus (school bus-yellow car) 126, 152

chidítsoh truck 110

ch'il grass; plant 22, 39

ch'ínílí Chinle, Arizona (it flows out) 56, 59

ch'íníshááh I am going out (outside)177

ch'iyáán food 22, 27

chọọh wild rose 189

ch'osh worm 190

D

da' question indicator 5, 14

daadą́ą́' last spring 42

dáádílkał door 94

daago in the spring 21, 185

dá'ák'eh field

daatsaah he is dying 185

daats'í perhaps; maybe; question indicator 5, 11

daaztsą́ he died 147

dabaghan their (3 or more) houses 105

da'diníldíín they are shining 187

dádi'níłkaał close the door 94

dadootsaał he is going to die 147

dahidédlo pound (weight) 198

dahóló they exist; they are 22, 106

dahoneezná they won 130

dahoniiłná they will win 130

da'íídííltah we'will go to school;, we'will read it (three or more)175

damóo Sunday 8, 15

damóogo on Sunday 3, 15

daolyé they are called 105

dayoodlá they (three or more) are beleiving him, her, it 82

dééh tea 144

deesdoi hot 20, 21

deesháái I shall arrive; go 174, 202

deesh'ash, nił I'll go with you; take you 29, 30

deesk'aaz cold 20, 21

deeskai they (three or more) are going; starting out 17

deestsiin pinon tree 94

deiji'éé' shirt(s) 49

déyá I am going; starting out 1, 2

dibáá' nishli I'm thirsty 27

dibé sheep 58, 91

dích'íí' bitter 58

dichin nishłí I am hungry 27

didideeshjah I shall build a fire 73

didííłjéé' I built a fire 58, 74

didishjeeh I am building a fire 74

díí this 48, 55

díí' four (4) 22, 26

around 19, 60
naakaii Mexican 183, 192
naaki two 22, 26
naakidi two times 35, 60
naakiiskáago day after tomorrow 27
naakiiskǫhdą́ą́' day before yesterday 34
naakits'áadah twelve 31
naaldloosh, bił he's riding horseback 144, 146
naalnish he, she, it is working; works; they are working; they work 4, 8
naaltsoos book; paper 64, 90
naaltsoos áshłééh I am writing a letter 135, 161
naaltsoos iish'ą́ą́ I'm mailing the letter 195, 214, 215
naalyéhé goods; merchandise 27, 103
nááná again; repeat it 28
nááná'ła' other 181
nááddeeshdáał I shall return 102, 103
naané he's playing 135, 159
naaninéésh are you playing? 135
naanish job; business; work; employment 9, 10
naa'ółí beans 22
naashá I am walking around; I walk around 10, 19
naasháhí I am the one walking around 9, 10
naashgali dine'é the Mescalero Apache clan 183
na'ashjé'ii spider 190
ná'áshkad I'm sewing 196, 217
na'ashkǫǫ' I'm swimming 180, 206, 207
naashné I'm playing 135, 159
naashnish I work; am working 9, 10
na'ashǫ'ii lizard 85, 107
naasht'ézhí Zuni 4, 97
naasht'ézhídéé' from Zuni 21, 111
naashzheeh I'm hunting 145, 172
naaskai they (3 or more) went and returned 45, 60
naat'a'í, chidí airplane 31
naayá he, she, it went and returned 25, 34
naayízí squash; pumpkin 188
nabídééłkid I asked him, her 76
nabídídéeshkił I will ask him, her 75
nabídíshkid I am asking him, her 76
nabínishtaah I am trying it; attempting it; I try 60, 62
nabínítaah you are trying; you try 62, 78
naghan your house; home 33, 34

náhágodísh are you hoeing? 176, 202
nahalin he, she, it looks like it 144, 169
naháłnii' I bought it 49, 50
naháłnii', nich'i' I sold it to you 72
nahałtin it's raining; rain 30
nahalzhoohí, bee broom 128
náháshgod I am hoeing 202, 203
nahashniih, naa I am buying it from you 72
náhást'édiin ninety (90) 35
náhást'éí nine (9) 26, 122
náhást'éíts'áadah nineteen (19) 31
nahateeł it's slippery 30
nahideeshnih I shall buy it 49, 71
nahinilnii', bich'i' you sold it to him, her 72
nahiníłnii' you bought it 49
nahonílin you look like it 142, 144
nahonishłin I look like it 144, 169
náhookǫs north 37
náhookǫsjígo to the north 33, 36
nahóółtą́ It rained 30
náhwiidzídí, bee rake 128, 129
ná'iidzííł you are warming up 52, 53
ná'iidzííłísh are you warming up? 52, 53
na'íínílá you paid 101 102
ná'iisdzííł I am warming up 52, 58
ná'íłkadísh are you sewing? 196
na'íłkǫǫ'sh are you swimming? 180
nalyéhé goods; merchandise 139
nályíih it's melting 30
náneeskaadí slapped bread 191
na'nílá I paid 101 102
naniłkaad, dibé you are herding sheep 180
nanilnish you work; are working 7, 9
nanilzheeh you are hunting; you hunt 172
naniná you walk around; are walking around 1, 9
nánísdzá I returned; came back 101
nanishkaad, dibé I herd (am herding) sheep 145, 179
nánít'íní, shaa you're bothering me 64
na'nízhoozhí Gallup 2, 59
na'nízhoozhídi at Gallup 6, 105
na'nízhoozhígóó to Gallup 1, 57
nantł'a difficult 5, 11

229

nishtł'ajígo to the left 57
nisiikai we (3 or more) went and re-
      turned 45
nisin I want; wish; need 4, 7
nisingo wanting 87
nisíníyá you went and returned 24,
      25
nisoohkai you (3 or more) went and
      returned 45
nítįįh you give (a slender, stiff
      object) 128, 146
nitsi'shą' how about your daughter?
      174
níyá I arrived; went; I came; he,
      she came; went 174
niyá you eat 91.
niyaa hazlíí' you grew up 125
níyol the wind is blowing 104, 112
níyolgo when the wind blows 104
nízaad it's far 11, 36
nízaadísh is it far? 11
nízaadyee' wow, that's far 60, 61
nízah how far? 22
nizéé' quiet; shut up 51
nizhé'é your father 24, 25
nizhóní she's beautiful; it's beauti-
      ful 104, 194
nizhónígo beautifully 22, 37
nízin he wants; thinks 131, 156
ńléí there 83, 84
ńléidi over there; over that way .
      36 , 83
nohłí you (2) are 45
nohsin you (2) want; wish 18, 105
nówehédi farther; farther on' 140
nówehídéé' from farther on 155
ńt'éé' was; used to 24,
ntéskees I'm thinking; listening;
      he's thinking 135, 165
nt'iłch'il there is lightning 173
ntsídeekos I shall think about it
      79, 165

O.
ólta' school 9, 95
ólta' he, she, it is going to school;
      they (2) are going to school
      14, 18
ólta'di at school 9
ólta'í student 96, 110
'oo'áál it is moving along 22, 93
ooljéé' the moon 64, 124
ooljéé'góó to the moon 60, 63
oolkił clock time 121
ooskid time has passed 121

S.
sáhí, t'áá alone 192
sédá I am sitting; am home 126, 127
séí sand; sandy 56, 62
sétí I am lying down 196, 216
shá for me; . . .50,:71
shaa for, from me 50, 64
sha'áłchíní my children 138
shadáyi' my throat 54
shádí my older sister 138
shádi'ááhjígo to the south 33
shaghan my house 33, 34
shash bear 85, 108
shashbitoo Fort Wingate 50
sha'shin maybe; I guess 141
shashtsoh grizzly bear 85, 108
she'esdzá my wife 138
shi my 34
shí I; me; mine 40, 141
shį summer 21
shibee'eldǫǫh my gun 179
shibéésǫ my money 1, 7
shibid my stomach 54
shibizhí my paternal aunt, uncle 137
shich'é'é my niece (woman speak-
      ing) 137, 138
shicheii my grandfather 137, 179
shich'į' to me 50, 72
shichidí my car 1, 4
shich'ooní my husband, wife, close
      friend (woman to woman, man to
      man) 138
shida' my nephew (man speaking) 137
shidá'í my maternal uncle 137
shideezhí my younger sister 138
shidibé my sheep 50
shidiyogí my rug 57
shi'dizhchí I was born 125, 151
shigaan my arm 54
shihastiin my husband 138
shį probably 55, 133
shįįdą́ą́' last summer 31
shiidą́ą'dii, t'áá for a long time
      192, 181
shiidoołką́ą́ł I shall spend the
      night 73
shiigish I'm cutting it 218, 219
shį́įgo in summer 20, 21
shiih yílk'aaz I caught cold
      52, 53
shiiską́ I spent the night 52, 53
shijaad my leg
shijaatł'óół my earrings 96
shíká anilyeed help me 8, 23
shikee' my shoes 49

t'iis cottonwood tree(s) 128
t'iists'óóz slender cottonwood(s)
    57, 59
t'iisyaakin Holbrook 130
tin ice 55
tł'aakał skirt; dress 49
tł'ááshchí'í the red bottom people
    184
tł'éé' night 123
tł'éédą́ą́' last night 102, 112
tł'éego at night 123
tł'iish snake(s) 83, 84
tł'ízí goat 85, 88
tł'ógí the hairy ones; weavers; zia
    184
tł'oh hay; grass; straw 189
tł'ohchiní Ramah (onions) 28
tł'óo'di outside 52, 58
tł'óól rope; string 106, 129
tó water 4, 23
t'óó just; merely 9, 28
t'óó'ahayói many, much, a lot 106, 132
t'óó'ashhį́į́ I'm just loafing around
    171
t'óó sétį́ I'm just lying down 196, 216
tódiłchx oshí soda pop 55, 90
tódiłhił whiskey 55, 90
tóhaach'į' Tohatchi, N.M. (water
    tuns out) 56, 59
tónteel ocean; sea 125, 151
tóta' Farmington, N. M. (between the
    waters 12, 152
tótsohnii the big water people 184
tózis bottle 90, 91
tsá'ászi' yucca 189
ts'ah sagebrush 189
ts'ání pinon jay 190
tsásk'eh bed 133, 154
tsé stone, rock 83, 94
tséch'ízhí Rough Rock, Arizona 56
    59
tseebídiin eighty (80) 35
tseebíí eight (8) 26, 31
tseebííts'áadah eighteen (18) 31, 95
tsé'édǫ́'ii fly (insect) 190
tségh'áhoodzání Window Rock, Arizona
    (perforated rock 29
tséso' glass 94
tséta' between the rocks 84
tséyaa under the rock(s) 128
tséyi' in the rocks or canyon (Canyon
    de Chelly, Arizona 59
tsídiiłbáhí sparrow(s) 190
ts'í'ii gnat(s) 190
tsįįłkaałii woodpecker 190
tsin post, tree; timber; wood 31, 60

tsinaabąąs wagon 31
tsindáo cent 26
tsiniheeshjíí' lumber 141, 155
tsitł'ółí match (s) 128, 129
tsits'aa' box 64
ts'óhootso ft. Michaels, Arizona
    192
ts'ósí slim 142, 194
tsosts'id seven (7) 26, 55
tsosts'idiin seventy (70) 35
tsosts'idts'áadah seventeen (17) 31
tsxį́įlgo hurry up 8

W.
wáashindoon Washington 97
wódahdi up 83, 84
wóláchíí red ant 190
wólázhini black ant 190
wolyé he, she, it is called; named
    2, 103
wolyéígíí that which is called 103
wónaanígóó to the other side 125, 151
wooshdlą I believe him, her, it
    61, 81
wóózhch!į́į́d March (sound of young
    eagles) 104
wosch'ishí nearer; this way 140
wóshdę́ę́' come this way; come in;
    get in 23
wóyahdi down 83, 84

Y.
yá for him, it; for his benefit
    27, 103
ya'? isn't it? (question indicator)
    36
yaa for, from him, her, it 23, 79
yaa'adeiz'ą́ą́go in mid-afternoon 122
yááh? what? 37
yáah! wow! 12
yá'áhoot'ééh it's nice; the weather
    is nice 20, 23
yááł bits (money) 26, 48
yáałti' I sopke; he, whe, they (2)
    spoke 78
yá'át'ééh hello; fine 1, 5
yá'át'éehgo well; much; extremely
    60, 61
yaateeł bedroll 139, 140
yádeeshtih I shall speak 77
yah iishááh I'm going in 177, 205
ya'iishją́ą́shchilí June (early crop
    planting 187
ya'iishją́ą́shtsoh July (late crop
    planting) 187
yániłti' you talk, speak 60, 61
yánísin I'm ashamed; bashful 149

233

Printed in the United States
783300001B